21 世纪通识教育系列教材
21st Century Textbooks of General Education



# 简明逻辑学

# The Concise Logic

罗仕国　罗　越 ◎ 著

中国人民大学出版社
· 北京 ·

# ·出版说明·

随着信息时代的来临、经济全球化的深入与文化软实力竞争的加剧，重视大学生人文素养与创新能力的培养，提升大学生的综合素质，已成为各国教育改革与发展关注的重点和热点。人们越来越意识到：高等教育不仅要培养大学生良好的专业素质，更重要的是使得他们在走向社会之后拥有长足的自我拓展能力。只有以宽口径、厚基础、复合型为人才培养目标，才能更好地提高我国高等教育的质量，培育出适应现代社会需求的具备公民意识、社会责任感与创新精神的优秀人才。

从中外大学通识教育的实践来看，通识教育是一项系统工程，而课程体系建设始终是推进通识教育的核心任务，教材建设则又是其中的重要环节。为满足广大高校师生对高质量通识教育教材的需求，中国人民大学出版社组织多学科、多领域的专家学者，在广泛调研与深入研讨的基础上，组织编写了这套“21世纪通识教育系列教材”，为推动高等学校通识教育教材建设进行了努力的探索。

本套教材分为人文、政法和经管三大板块，定位为非专业统开课教材，突出“通识”的特色，强调内容阐释的“基础”和“宽度”，力求突破单纯的“专业视域”或“知识视域”，引导学生调整知识结构，拓宽文化视野，以达成人才培养效果上的“宽度”，从而实现高等教育培养复合型人才的目标。

本套教材中的每一本均由该学科领域有影响力的专家学者领衔编写。通识教材的“基础”与“宽度”，需要特别重视教材纲目与内容的适用性、可拓展性和灵活性。唯有在该领域具有丰富教学经验及精深学术水准的名家，方能“取精用弘，由博返约”，编写出体现“通识”特色的高水平教材。

本套教材形式与内容和谐统一，教材内容基础适用，语言简洁生动，并辅以典型、有趣的案例、图表，轻松活泼的栏目和插图等，图文并茂，引人入胜，照顾到青年学生群体的阅读习惯。

作为出版者，我们特别希望通过加强通识教育教材建设，推进高校课程体系的融会贯通，提高学生跨学科、跨文化的理解能力，为学生未来的职业生涯与人生发展奠定良好的知识和能力基础。这套通识教育系列教材只是开始，期望更多的专家学者共襄此事，推进通识教育教学的改革与发展。

中国人民大学出版社

# ·前　言·

本书命名为简明逻辑学，主要讲授逻辑学基础知识，加上一些有趣的案例，也是相对于更为复杂的数理逻辑而言的。逻辑自古以来就存在，东西方都有关于逻辑的知识，在西方还设立了逻辑学学科。随着逻辑研究的深入，在近代西方产生了数理逻辑的知识体系。

作为专业的逻辑学学者，无疑应该学习更为复杂、系统的逻辑知识，即数理逻辑知识。但就普通读者而言，特别是就普通学生而言，也应该学习一些基本的逻辑知识。但是很多人缺乏逻辑思维，对逻辑学望而生畏，也没有什么兴趣，原因之一是现在的很多逻辑教材公式很多，比较枯燥，有趣的例子较少，缺乏可读性。

我们在教学过程中也发现，我们的学生虽然能从中小学各科比如语文、数学中学到一些逻辑基础知识，但不够深入。比如：逻辑学与辩证法的区别和联系，辩证法和形式逻辑的关系，以及它们和形而上学与相对主义的关系；矛盾关系和反对关系的区别，逻辑三大基本规律之间的区别与联系；对三段论的推理规则的理解，以及如何组织论证和反驳等，都存在如何理解和应用的问题。所以，在大学开设逻辑学课程，较系统地学习逻辑知识是很有必要的。

就本书的内容来说，它包括了概念、判断和推理论证等传统逻辑的主要知识点，比较全面系统。就学习对象来说，除了本科生外，中学生也可以学习，也适合社会上的广大读者阅读。爱因斯坦说过，兴趣是最好的老师。有言道，爱为学问之始。本书在介绍逻辑基础知识的同时，增加了大量生动的逻辑学案例，突出逻辑的趣味性，以提高大家学习逻辑的兴趣，这也是本书出版的主要缘由。

本书能够以现在这样比较完善的面貌与读者见面，要感谢的人很多。首先要感谢我的学生，他们在学习过程中对本教材的初稿提出了很多好的建议，甚至提出了一些案例。其次要感谢学院领导徐秦法院长和肖安宝副院长，他们对本书的出版给予了经费上的大力支持。最后要衷心感谢中国人民大学出版社的几位编辑，他们提出了很多中肯的建议，使本书顺利出版。

罗仕国

于 2022 年 10 月

# 目　录

## 第三章　简单命题推理



## 第四章　复合命题推理

# 第一章 绪 论

“逻辑”一词是一个外来词，源于希腊文“逻各斯”，原义指思想、理性、规律、语法等。

在现代汉语中，“逻辑”也是一个多义词，主要有以下三种含义：一是指客观事物的规律和人类思维的规律。比如“中国革命的逻辑”指中国革命的客观规律，又比如“文章的逻辑性很强”“做出合乎逻辑的推论”，其中“逻辑”一词指人类思维的规律。二是指一种特殊的理论、观点和看问题的方法。比如“强盗逻辑”指强盗的理论。三是指逻辑学科，即研究正确推理和论证规律的学科。比如“我们要学一点语法和逻辑”。

## 第一节 逻辑学的对象

逻辑学是研究推理和论证的科学，是研究推理和论证的标准的科学。或者说，逻辑学是研究思维的逻辑形式、逻辑规律和逻辑方法的科学。

### 一、什么是推理和论证

推理是从一个或几个命题推出一个新命题的思维形式。论证是从一些已知为真的前提推出一个新命题的思维形式。比如：

所有人都是有死的，
苏格拉底是人，
所以，苏格拉底是有死的。

这就是由两个前提推出一个结论的三段论推理。推理说的是如果前提真，那么结论真或者不真，前提和结论之间有一种真假制约关系。推理并不要求前提真实，只是在假定前提真的情况下，推出结论怎么样。

论证是根据某些理由来证明或反驳某些观点的一个或多个推理形式。论证包括论题、论据和论证方式三个部分。论证与推理的区别在于，推理不要求前提真实，是假定前提真实，在假判断之间也可以构成正确的推理，它强调的是前提和结论之间有一种条件制约关系。而论证除了要求前提和结论之间有逻辑联系外，还要求前提真实，这样才能保证结论的真实性。

## 二、什么是思维的逻辑形式、逻辑规律和逻辑方法

### （一）什么是思维的逻辑形式

思维的逻辑形式是指概念、命题和推理的一般形式。





**1. 概念的逻辑形式是指一类概念共有的结构。**

正义战争、非正义战争

国家工作人员、非国家工作人员

党员、非党员

以上概念都具有“P，¬P”的逻辑形式。

**2. 命题的逻辑形式是指一类命题共有的结构。**

所有大学生都必须通过考试入学。

所有太阳系的大行星都是以椭圆轨道绕太阳运行的。

所有偶数都能够被 2 整除。

所有会计都是取得会计资格证的。

以上命题都具有“所有 S 都是 P”的逻辑形式。

如果天下雨，那么地会湿。

如果某人患了肺炎，那么他会发烧。

如果语言能够产生物质财富的话，那么夸夸其谈的人就是世界上最富有的人。

如果一个想法在一开始不是荒谬的，那么它就是没有希望的。（爱因斯坦）

以上命题都具有“如果 P，那么 Q”的逻辑形式。

**3. 推理的逻辑形式是指一类推理共有的结构。**

一个人只有年满 18 周岁，才有选举权，他未满 18 周岁，所以他没

有选举权。

科学上只有不畏艰险勇于攀登的人，才有可能到达光辉的顶点。他不是不畏艰险勇于攀登的人，所以他不会到达光辉的顶点。

以上推理都具有“只有 P，才 Q；¬P，所以¬Q”的逻辑形式。

**（二）什么是逻辑规律**

逻辑规律是思维过程必须遵循的一般规律，主要是指逻辑基本规律、逻辑规则等。比如同一律、矛盾律、排中律等被称为逻辑学的基本规律。当然，逻辑学除了基本规律外，还有一些具体的逻辑规律和规则，比如三段论、归纳推理、换位法、论证等。

**（三）什么是逻辑方法**

逻辑方法有明确概念、下定义、划分、概括与限制等，以及简单枚举法、科学归纳法、类比法、寻求因果联系的穆勒五法、假说演绎法等。

总之，逻辑学就是研究思维的逻辑形式、逻辑规律和逻辑方法的科学，就是研究推理和论证的科学。

## 第二节　逻辑学的产生与发展

据现有文献记载，逻辑学有三大发源地：古中国、古印度和古希腊。我们从这三个源流来了解逻辑学的产生与发展。

### 一、中国逻辑

中国的逻辑思想从先秦时期就已经兴起，近代开始学习西方的逻辑学，新中国成立以来逻辑学得到巨大发展。

**（一）古代**

这里我们主要讲先秦时期的逻辑，包括《周易》和诸子百家的逻辑思想，如名家、墨家、儒家、法家等。

**1.《周易》的逻辑思想。**

（1）通过初始符号——阴、阳爻画说明有关于分类（划分）的思想。构成六十四卦的初始符号是阴、阳两爻。中国古代逻辑思想的特点是类比推理比较发达。类比推理中首先是关于分类和划分的思想。

(2)《周易》的符号集——八卦及由之演化出的六十四卦说明了类比的思维方法。《周易》的逻辑体系是关于易的思想，“易”有变易、变化的意思。由“阴”“阳”两爻变化为八卦，再发展到六十四卦，体现了事物运动、变化、发展的规律性。

(3)《周易》中含有具体的推类方法：据象推类、据辞推类、象辞结合推类。象、意类比是推理的基本方法，据象推类是基本的思维方法，从象形发展到象意，从个别发展到一般，是人类认识史中的一次巨大飞跃。由此产生的联想方法，就是中国传统文化中的类比思维方法。

**2. 名家的逻辑思想。**

始于春秋末期，盛行于战国时期。代表人物主要有邓析、公孙龙、惠施、尹文子等人。



(1) 邓析的名辩思想。

邓析有“刑名之辩”“两可之说”等思想，提出要“循名责实”“按实定名”。“两可之说”是指从两个相反的角度考察同一事物，使两个截然相反的结论均得以成立。



《吕氏春秋》记载了这样一个故事：洧水发了大水，淹死了郑国富户家的一员。尸体被别人打捞起来，富户的家人要求赎回。然而捞到尸体的人要价太高，富户的家人不愿接受，他们找邓析出主意。

邓析说：“不用着急，除了你，他还能卖给谁?”

捞到尸体的人等得急了，也去找邓析出主意。

邓析却回答：“不要着急，他不从你这里买，还能从谁那里买?”

(2) 惠施的类比推理。

庄子与惠施在濠水的桥上游玩。庄子说：“鱼在河水中游得多么悠闲自得，这是鱼的快乐啊。”惠施说：“你不是鱼，怎么知道鱼的快乐呢?”庄子说：“你不是我，怎么知道我不知道鱼的快乐呢?”惠施说：“我不是你，固然不知道你；你本来就不是鱼，你不知道鱼的快乐是可以肯定的!”庄子说：“请从我们最初的话题说起。你说‘你哪知道鱼的快乐’，说明你已经知道我知道鱼的快乐而问我。我是在濠水的桥上知道的。”

人不是鱼，何以知道鱼的快乐？这里提出了一个问题：什么时候可以类比，什么时候不能类比？

（3）公孙龙的“白马非马”论。

有一天公孙龙骑着一匹白马要进城，该城门的看守说，按照规定马不可以进城。于是公孙龙就开始了他的论证——白马非马，最后他说服了守城官，于是骑着他的白马进城去了。

从含义来看，“马”命名动物，“白”命名颜色，“白马”则是同时命名一种颜色与一种动物。三者的含义不同，因此白马非马。

“马”“白马”的内涵和外延都不同。“马”指不论颜色的所有马，而“白马”指白色的马，两者有颜色的区别。而且从外延看，“马”包括“白马”。所以白马非马。当然这里的“非”是“不等于”的意思，不是“不属于”的意思。

**3. 墨家的逻辑思想。**

代表人物主要有墨子及其弟子和再传弟子。《墨经》是墨家的代表作，是我国第一部完整的、系统的逻辑学著作。主要内容包括对概念、命题、推理等基本思维形式的研究，以及对同一律、矛盾律、排中律等逻辑规律的研究。《墨经》之《小取》，是中国古代逻辑的一个纲要，比较集中且完整地讨论了逻辑的基本内容。

《墨经》是对墨家创始人墨翟思想的发展。后期墨家在逻辑理论方面做出了重要贡献。他们对“故”“理”“类”这古代逻辑的三个基本范畴下了明确的定义，并对“名”“辞”“说”做了深入研究。提出“以名举实”“以辞抒意”“以说出故”，论述了“辟”（比喻）、“侔”（附比）、“援”（类比）、“推”（间接的归纳与演绎）四种形式的推理。这些思想在中国古代逻辑史上占有重要地位。

**4. 儒家的逻辑思想。**

儒家主要提出了正名思想。代表人物主要有孔子、孟子、荀子等。

（1）孔子提出正名思想和类比推理的方法。孔子所处的时期为春秋战国时期，是西周奴隶制走向崩溃的时期，他企图恢复周礼，于是提出正名思想。比如“君君臣臣父父子子”，以实符名就涉及名实关系问题。他在《论语》中大量运用类比推理，比如“为政以德，譬如北辰，居其所而众星共之”，提出“举一隅反三隅”的思想，即“举一反三”的类推方法。

（2）孟子注重“求故”，反对诡辩。“求故”，就是要推求其所以然。对于诡辩，他指出：对于片面的言论要知道其片面性之所在；对于过头的言论能知道其限度之所在；对不合正道的邪说要知道它是如何偏离正道的；对于躲躲闪闪的言辞能知道它的理屈词穷之处。

(3) 荀子也提出正名思想。他的正名思想是为其正政思想服务的。他提出了以名为核心，以“名”“辞”“辨”为主要内容的思想。他系统地阐述了“名”“辞”“辨”的基本性质和作用，揭示了辩说的逻辑规律和要求，对如何评判诡辩，对“名”“辞”“辨”的辩证因素也有所认识。

**5. 法家的逻辑思想。**

法家学派的代表人物韩非子关于矛盾的思想。他在“自相矛盾”的典故中形象地阐述了逻辑思维规律中矛盾律的内容。

> 楚国有个卖矛和盾的人。他首先夸耀自己的盾：“我的盾很坚固，无论用什么矛都无法刺穿它！”然后，他又夸耀自己的矛：“我的矛很锋利，无论什么盾都抵挡不住它！”有人问他：“如果用你的矛去刺你的盾，会怎么样?”那个人被问得哑口无言。什么矛都无法刺穿的盾，与什么盾都能刺穿的矛，不能同时出现。

这里的自相矛盾之处是，先说没有什么东西能刺穿盾，又说有的东西能刺穿盾（比如矛）。

**（二）近现代**

明朝末年，李之藻和傅泛济合译了由传教士带入中国的西方传统逻辑著作《名理探》（1631 年），对事物的种类和属性进行了研究。1905 年，严复翻译出版了英国哲学家、逻辑学家穆勒（又译密尔）的《逻辑体系》一书，定名为《穆勒名学》，该书是西方关于归纳逻辑的名著。

20 世纪初以来，西方逻辑著作不断被翻译和引介，中国学者自著的传统逻辑著作也开始出版，到 1949 年中华人民共和国建立前，出版发行的传统逻辑著作已经超过 100 种。在教育实践方面，不少大学、师范甚至高中都开设了逻辑课。屠孝实、陈大齐等学者曾为介绍、传播传统逻辑做出了一定的贡献。

从 20 世纪 20 年代起，数理逻辑开始被引介到中国。最早进行数理逻辑的介绍、教学和研究工作，并且做出了相当成绩或有较大影响的中国学者有俞大维、沈有乾、张申府、金岳霖、汤璪真、傅种孙等人。从 1930 年起，金岳霖在清华大学讲授普通逻辑和数理逻辑，他是第一个在中国系统地传授数理逻辑的人，他所著的《逻辑》一书，就包括传统逻辑和数理逻辑的内容，是当时最有影响力的大学逻辑教材。他在国内培养了第一批研究数理逻辑的专门人才。抗日战争时期，沈有鼎、王宪钧、胡世华等曾分别在西南联大、中山大学、中央大学讲授逻辑学。之后莫绍揆在南京大学专门从事数理逻辑的教学和研究工作，为传播数理逻辑知识、培养中国第三代数理逻辑的专门人才做出了积极的贡献。

在近代，特别是20世纪以来，由唐代高僧玄奘等引介到中国的印度因明也再度受到了重视。吕澂的《因明纲要》、熊十力的《因明大疏删注》、陈望道的《因明学》、周叔迦的《因明新例》等著作先后出版。一些比较熟悉西方传统逻辑和中国名辩逻辑的学者，还对西方逻辑、中国名辩和印度因明三种逻辑做了比较研究，并取得了可喜的成果。

## 二、古印度逻辑

印度古代逻辑称为“因明”。“因明”一词中“因”指理由、根据，“明”指明了、知识、智慧。二者合起来则指通过使用理由或根据来获得知识或智慧。因此，所谓“因明”就是借助一些论据来论证论点，通过对论证过程中的主要环节的研究来获得知识，这也就是逻辑推理。尽管就整个因明学来看，里面包含了不少辩论、其他一般的认识论等成分，但它在总体上主要还是一种逻辑学说。由于佛教关于因明的论述是因明学发展史上的较完善形态，因而不少人也把因明学称为佛教的逻辑学。

印度因明从古代论辩术发展而来，先是五支推论式，后发展为三支推论式。因明于唐代传入我国并得到发展。五支推论式由五部分组成：宗（命题）、因（理由）、喻（大前提，实例或例证，分同喻、异喻两种）、合（应用）、结（结论），也称为五支作法。三支推论式：宗、因、喻，也称为三支作法。

五支推论式的应用实例如下：

宗：声是非常住的。
因：因为是被造出来的。
同喻：凡是被造出来的都是非常住的，如盘、碟等。
合：声是这样，是被造出来的。
异喻：凡不是被造出来的都是常住的，如阿特曼等。
合：声不是这样，不属于不是被造出来的。
结：所以声是非常住的。

三支推论式的应用实例如下：

宗：声是非常住的。
因：因为是被造出来的。
同喻：凡是被造出来的都是非常住的，如盘、碟等。
异喻：凡不是被造出来的都是常住的，如阿特曼等。

## 三、西方逻辑

西方逻辑源远流长，从古希腊以来，经过中世纪到近现代，逻辑学从未间断。

### （一）古代西方逻辑

**1. 前亚里士多德时期。**

这一时期出现了苏格拉底与柏拉图的概念论和理念论，对概念和理念的内涵、外延等问题进行了讨论，运用了定义、划分、概括与限制等逻辑方法，对真假、推理有效性和必然联系等问题进行了研究，也运用了归纳、演绎等逻辑方法。

**2. 亚里士多德的逻辑。**

亚里士多德是逻辑学的创始人，被称为“西方逻辑之父”。主要逻辑著作为《工具论》，包括《范畴篇》《解释篇》《前分析篇》《后分析篇》《论辩篇》《辩谬篇》，主要研究了概念、判断、推理（三段论、词项逻辑）、逻辑规律。在其另一部著作《形而上学》中，亚里士多德讨论了逻辑学基本规律如同一律、矛盾律和排中律等。

三段论推理实例如下：

所有人都是有死的，
苏格拉底是人，
所以，苏格拉底是有死的。

**3. 麦加拉学派和斯多葛学派的逻辑。**

古希腊晚期的麦加拉学派对逻辑的研究主要集中在模态逻辑、悖论方面。悖论研究如说谎者悖论、秃头悖论和有角悖论等。

古希腊晚期另一学派斯多葛学派对命题逻辑，几种主要的命题联结词的性质，比如合取、析取、蕴含等进行了研究。

推理实例如下：

如果天下雨，那么地会湿；

天下雨了，所以，地湿了。

### （二）近现代西方逻辑

西方近代逻辑的产生是对古希腊演绎逻辑的反叛。培根认为，亚里士多德的演绎逻辑从大前提到小前提再到结论的过程，是把放进大前提的东西拿出来而已，因为结论已经包含在大前提中了。培根针对亚里士多德的《工具论》，出版了《新工具》，提出了他的归纳逻辑思想，把逻辑学奠定在实验科学方法的基础上。在《新工具》中，培根提出了整理、分析、比较的“三表法”，即“本质或具有表”、“差异表”以及“程度表”。他认为用这些方法并通过排除法，就可以找到事物之间的因果关系。后来穆勒在培根的基础上提出了“穆勒五法”，发展了培根的归纳法，并把归纳法纳入逻辑体系之中。

大约在同一时期，演绎逻辑也取得划时代的突破。莱布尼茨提出了用数学方法来处理逻辑问题。他说，人们以前讨论逻辑问题总是争争吵吵，现在只要我们把逻辑数学化，一旦遇到争论的问题，就说让我们坐下来研究一下吧。莱布尼茨还计划建立严密的逻辑演算体系。康德把这种逻辑看作形式逻辑。当然，把逻辑数学化付诸实践的是英国的布尔，他把传统逻辑的三段论看作类演算的一部分。德·摩根和皮尔斯建立了关系逻辑的形式演算体系。

弗雷格第一个系统构建了逻辑演算体系，《概念文字》一书开创了在逻辑体系中建立公理系统的先河。到了20世纪初，怀特海和罗素写了大部头著作《数学原理》，在前人的基础上，建立了命题演算和谓词演算两个更为完善的系统，标志着数理逻辑逐渐成熟。

20世纪30年代，现代逻辑取得了三项划时代的重要成就。1931年哥德尔提出不完全性定理，1933年塔斯基建立了逻辑语义学，1937年英国数学家图灵建立了“图灵机理论”。他们的理论对现代科学文化产生了重要影响。

20世纪60、70年代产生了非形式逻辑，走出了一条与数理逻辑方向不同的道路。

20世纪，逻辑学在世界上受到高度重视。联合国1974年公布的基础学科分类目录中，将基础学科分为七种：数学、逻辑学、天文学和天体物理学、地球科学和空间科学、物理学、化学、生命科学。1977年出版的《大英百科全书》中，将逻辑学列为逻辑学、数学、科学、历史学和人文学、哲学等五大学科之首。联合国教科文组织的一份报告指出，在由50个国家共500多位教育家列出的16项最关键的教育目标中，把发展学生的逻辑思维能力列为第二位。由上可见逻辑学在教育体系中的重要地位。

# 第三节 逻辑学的学科性质和学习逻辑学的意义

### （一）逻辑学的学科性质

第一，工具性。“西方逻辑之父”亚里士多德和归纳逻辑的创始人培根均把逻辑作为工具。逻辑学研究推理、论证和推理规则等内容，它能够为我们提供正确的思维规则和方法，所以它具有工具性质。这一点，从亚里士多德和培根的著作名称中可以看出。亚里士多德的逻辑学著作叫《工具论》，培根的逻辑学著作叫《新工具》。二者都把逻辑作为规范思维的工具。

第二，普适性。逻辑的规律是客观规律的反映，内容具有客观性，像自然科学一样具有普适性。逻辑表达形式因各国的语言、习惯不同有所区别，但是在思维的规律上具有一致性。

### （二）学习逻辑学的意义

第一，逻辑是科学创新的方法。

恩格斯指出，“形式逻辑也首先是探寻新结果的方法，由已知进到未知的方法”。梁启超说：“善观者，观滴水而知大海，观一指而知全身，不以其所已知蔽其所未知，而常以其所已知推其所未知，是之谓慧观。”托尔斯泰说过：“知识，只有当它靠积极的思维得来而不是凭证记得来的时候，才是真正的知识。”爱因斯坦曾经说过：“西方科学的发展是以两个伟大的成就为基础，那就是：希腊哲学家发明形式逻辑体系（在欧几里得几何学中），以及通过系统的实验发现有可能找出因果关系（在文艺复兴时期）。”这两大成就都与逻辑学有直接的关系。

人类历史上的各种科学发现和技术发明无不是运用逻辑推理的结果。哈维的血液循环学说、门捷列夫的元素周期律都是逻辑思维的结晶，20 世纪最伟大的创造——爱因斯坦的相对论同样是逻辑思维的成果。魏格纳的大陆漂移学说、鲁班发明锯子等也都运用了逻辑知识。

班廷发现胰岛素就运用了逻辑推理的方法。糖尿病是困扰人类的顽疾之一。历史上有不少科学家探索过糖尿病的治疗方法，但都因为未能找到它的形成机制而无法根治顽疾。1898 年，奥斯加·缅科夫斯基和胡恩·梅林通过一个偶然的机会发现：如果把狗的胰腺切除，狗就会患上糖尿病。他们的发现被记录在当时有名的医学杂志上，但是没有引起科学家的充分重视。缅科夫斯基和梅林也未继续研究胰腺切除与糖尿病之间的关系——他们没有意识到，这使他们错失了做出重大科学发现的机遇。几年之后，加拿大医生班廷在翻阅医学杂志时读到了这则记录，他立刻被这个新发现吸引了，并展开了深入的思考：为什么被切除胰腺的狗会患糖尿病？是不是因为胰腺里有某种物质能够控制人和动物的血液中糖的含量？这种物质是什么？将这种物质的提取液注射到患糖尿病的动物体内，会不会改善它们的病况？班廷用十只狗做实验。他把狗的胰腺摘下、捣碎，再将提取液注射给患有糖尿病的狗。结果，患病狗的血液中的含糖量迅速降低，病况很快得到改善。他又用牛做实验，得到的结果跟用狗做实验的结果一样。这样，班廷发现了胰腺里控制血糖含量的物质——胰岛素，这一科学上的重大发现给人类健康带来了福音。





在这个案例中，班廷运用了两种重要方法：溯因推理和假说演绎法。班廷以“胰腺被切除的狗会患糖尿病”这一现象为依据，探索了糖尿病和“胰腺切除”之间的因果关系，这正是对溯因推理的运用。这一推论使他得出了一个科学假说：胰腺内存在着能够控制血液中的含糖量的物质。为了证实这一假说，他又运用了假说演绎法：如果将胰腺的提取液注射到患糖尿病的动物体内，它们血液中的含糖量将会发生改变。通过在狗和牛身上做实验，得出患病动物注射该提取液后血糖含量迅速下降，验证了班廷的科学假说。

诗歌创作也离不开逻辑。比如宋代词人李清照有词《如梦令》：

昨夜雨疏风骤，
浓睡不消残酒。
试问卷帘人，
却道海棠依旧。
知否，
知否？
应是绿肥红瘦。

这是一首惜春之作。晚上风雨交加，主人李清照因喝多了酒睡觉了。浓睡过后，问卷帘的侍女，风雨那么大，外面的花怎么样了。侍女说：“海棠依旧。”李清照说：“应该是花儿少了，叶子多了吧。”

学习逻辑学，是转变学生学习方式和思维方式的现实要求。正如许多学者和教育家指出的那样，中国的本科教育缺乏批判性思维的培养（耶鲁大学前校长理查德·莱文教授 2010 年在第四届中外大学校长论坛上也如是说)。我们在教学过程中也发现，学生在学习能力以及论文写作、辩论等方面，都因为逻辑思维的缺乏而显得能力不足。

进行逻辑与批判性思维教育，是我国大学教育从应试教育向素质教育转变的要求。更有效地对学生进行逻辑与批判性思维教学，培养学生的逻辑思维、批判性思维与创新能力，转变学习方式和思维方式，是逻辑与批判性思维教学的目标。

第二，逻辑有助于提高思维能力，成功交际和识别谬误。

逻辑思维能力指能识别推理、论证正确与否，并能正确地进行推理、论证的能力。这种能力可以从多种渠道获得，但是学习逻辑学，掌握科学的思维方法，自觉地学习逻辑思维的规则和方法，是最直接的渠道。它比在学习过程中间接地学习思维方法要好得多。





学好逻辑学，遵守逻辑规则是我们成功交际的基础。逻辑不清和逻辑混乱是交际不成功的重要因素。学习逻辑学可以帮助我们做到且可以衡量他人是否做到遵守逻辑规则，做到概念明确、判断恰当、推理合乎思维规则，做到前后一贯和有逻辑性。

有一个“义务劳动”的例子。

> 在工厂的一次义务劳动开始前，团支部委员向大家宣布：“同志们，今天的劳动任务这样安排：团员推车运土，女同志清理场地，其他青年同志帮助检修工具和设备，身强力壮的跟我一起去挖土。”

宣布完了之后，团员小张却不知道该干什么了，因为她既是团员，又是女同志；非团员小陈也无所适从，因为他既是非团员，又身强力壮。显然团支委的讲话有划分不明的问题。

学好逻辑学，还有助于我们识别逻辑谬误。比如古希腊的著名诡辩：

> 你没有失去某种东西，你就还有这种东西，
> 你没有失去头上的角，
> 因此，你头上有角。

这里“没有失去”一词的两次使用含义不一，没有遵守同一律。黑格尔说：“诡辩这个词通常意味着以任意的方式，凭借虚假的根据，或者将一个真的道理否定了，弄得动摇了；或者将一个虚假的道理弄得非常动听，好像真的一样。”

第三，学习逻辑学有助于终身学习能力的培养。

各门科学都是以概念和判断为基础，进行科学论证，形成科学体系。逻辑学就是运用概念，进行判断、推理和论证的工具；逻辑学是我们进一步学习甚至终身学习的工具。逻辑学的创始人亚里士多德和归纳逻辑的创始人培根都把逻辑学作为工具。我们运用逻辑学的概念分析、论证分析的方法，可以提高学习效率和提升学习效果。通过对逻辑的学习，可以使我们的思维能力得到提高，将“自发的逻辑”上升为“自觉的逻辑”，将逻辑思维培养成为一种习惯，我们将终身受益。

**思考题**

1. 逻辑学的含义是什么？
2. 什么是推理和论证？
3. 什么是传统逻辑和现代逻辑？
4. 逻辑学的三大源流是什么？
5. 亚里士多德和培根对逻辑学的贡献分别是什么？
6. 学习逻辑学的主要意义是什么？

# 第二章　概　　念

## 第一节　概念的含义

人类思维的形式主要有概念、命题和推理等。其中概念叫作“思维的细胞”，它是进行判断和推理的基础。人们在认识事物、思考问题、与人交往的过程中，都要用到概念。所以概念就成了作为思维科学的逻辑学研究的起点。

### 一、什么是概念

概念是反映事物本质属性或特有属性的思维形式。人们存在于世界上，就是要认识世界和改造世界，认识世界是改造世界的前提。认识世界包括感性认识和理性认识，理性认识包括对事物的概念性反映，即对事物本质属性或特有属性的认识。通过一定的属性把事物区分开来，就能形成不同的概念。比如“科学”“商品”“非政府组织”“喜马拉雅山”。

我们对概念形成一定的定义，定义就是要反映事物的本质属性或特有属性。比如我们对“商品”概念的定义是：商品是用来交换的劳动产品。用来交换的劳动产品，就是商品的本质特征。当然商品除了本质属性外，还有很多非本质属性，比如颜色、形状、大小、美丑等，还有各种关系，比如上下、左右等。对这些非本质属性的反映，形成感觉、知觉、表象等认识形式，而概念则反映了人们对事物本质属性的认识。

当然，人们对事物本质属性的认识也有一个过程。比如对“人”的认识，最初人们认为人是“无毛两足动物”或“无毛的会直立行走的动物”。现在我们一般认为人是“能制造和使用工具的动物”，或者“一切社会关系的总和”，对人的认识也才更加准确和深刻。

当然，在概念的形成过程中，运用了很多基本的认知方法，比如分析、综合、比较、抽象、概括等，但是逻辑学并不研究概念的形成过程，逻辑学主要是将这些已经形成的概念加以运用。研究概念的种类、概念之间的关系、如何给概念下定义，以及划分、概括和限制等方法及其规则，以便准确地使用概念，进行正确的思维活动。

## 二、概念和语词

人们的思维活动必须借助于语言才能进行。概念和语词是内容和形式的关系，概念是语词的思想内容，语词是概念的表现形式。

但是，概念和语词不是一一对应的，有一词多义和多词一义的情况。

有的语词不表达概念。实词一般都表达概念，比如名词、动词、形容词等，而虚词如感叹词、助词等一般不表达概念。但是虚词中的联结词一般都表达概念，比如“并且”“或者”“如果……那么……”等。

有一词多义和多词一义的现象。一词多义，比如“逻辑”一词就有多种含义。“逻辑”可以指逻辑学，也可以指逻辑规律、规则，还可以指客观规律。“白头翁”可以指一种鸟，也可以指一种植物，还可以指人。多词一义，如“晨星”“暮星”表示同一颗星，“医生”“大夫”“郎中”等都表示医生。一词多义和多词一义的现象，说明人们讲究用词的丰富性，也表明人们注意语词的歧义性，规避表达含混的情况，使概念明确具体。

## 三、概念的基本特征

每个概念都有内涵与外延，这是概念的两个基本特征，是决定和说明其他属性的特征。比如概念的分类、定义、划分、概括与限制等，都涉及内涵与外延问题。

### （一）概念的内涵

概念的内涵是人们对概念反映的对象的本质属性或特有属性的认识。在日常语言中，我们用“……是……”“……即……”“……就是……”“所谓……是指……”等表达式来表达。比如：

商品是用于交换的劳动产品。

“用于交换的劳动产品”就是“商品”的内涵。再如：

法律是统治阶级制定或认可的，反映统治阶级意志的行为规范的总和。

其中，“统治阶级制定或认可的，反映统治阶级意志的行为规范”就是“法律”的内涵。

**【案例】**1. 一只松鼠爬到树上，两个猎人绕它转了一圈。他们走动时，松鼠也跟着他们转。这时一个猎人说，他们已经绕松鼠转了一圈，因为他们已经绕松鼠画了一条封闭的曲线；而另一个猎人却说，他们没有绕松鼠转一圈，因为他们始终只看见松鼠的正面，没有看到它的其他侧面。两人争执得不可开交。

[**解析**] 他们对“一圈”这个概念的理解有分歧。

**【案例】**2. 鲁迅的文章《孔乙己》中满口“之乎者也”而又穷困潦倒的老书生孔乙己，明明偷了人家的东西，却死要面子，不愿承认是偷。当别人说他偷人家东西时，孔乙己便睁大眼睛说：“你怎么这样凭空污人清白……”有人揭他老底，说亲眼看到他偷了何家的书，被吊着打。孔乙己便涨红了脸，额上的青筋条条绽出，争辩道：“窃书不能算偷……窃书……读书人的事，能算偷么?”他的回答引得众人哄笑起来。

[**解析**]“窃”和“偷”虽然是两个不同的词，但在表示一种不正当行为时，是一个意思。

**【案例】**3. 某人早餐要了份包子，没动筷子，让店主换成了油条和豆浆，吃完不付钱就走了。店主要他付钱，他问要付什么钱，店主说要付豆浆和油条的钱。他说我是拿了包子换的，店主说那你就付包子的钱吧，他说包子我又没有吃，说完扬长而去。店主愣在那里，一时回不过神来。

[**解析**] 顾客把未付钱的包子与已付钱的包子等同起来，造成了混乱。

### （二）概念的外延

概念的外延是人们对概念所反映对象的范围的认识，是具有这一概念内涵的个体的范围。在日常语言中，我们用“……包括……”“……有……”“……可分为……”等来表示。

比如，“商品”的外延就是指商品的范围，是具有“商品”这一概念内涵的所有个体。“法院”的外延就是指法院的范围，包括最高人民法院、高级人民法院、中级人民法院和基层人民法院。

**【案例】**1. 在《三国演义》第四回中，曹操刺杀奸臣董卓不成，逃出京城，与陈宫一起飞马逃往故乡。

这天，他们一起来到成皋，当地人向来不服从政府号令，地主吕伯奢亦是曹操父亲的结拜兄弟。吕伯奢见曹操来到，高兴得很，让曹操一行先住下，吩咐家人准备伙食。曹操躺在床上休息，忽然听到外面传来磨刀的声音，并且听到有人说："缚而杀之，何如?"曹操怀疑吕伯奢想暗杀他，于是他拔刀出屋，见人就杀。杀完后，他们来到厨房，看到地上有一头紧紧绑着的猪，这才明白原来吕伯奢是要杀猪款待他们。事已至此，他们不得不离开成皋，另谋出路。

**[解析]**"缚而杀之"的"之"，本义是指一头猪，而曹操却误以为是指自己，搞错了对象，也就是把外延搞错了。

**【案例】**2.《孟子·梁惠王下》中有一段鲁平公和乐正子的对话，讲到"超过"的概念。有一次鲁平公要去拜访孟子，小臣臧仓说："您为什么屈尊去拜访一位普通人呢？您认为孟子是贤德之人吗？贤德之人的行为应该合乎礼仪，而孟子后来为母亲办丧事比以前为他父亲办丧事还隆重。这能算贤德吗？您不要去见他！"平公说："好吧。"乐正子去见平公，问道："您为什么不去见孟轲呢?"平公说："有人告诉我：'孟子办母亲的丧事的隆重程度，大大超过以前办他父亲的丧事'，所以不去看他了。"乐正子问："您所说的'超过'是什么意思？是办父亲的丧事用士之礼，办母亲的丧事用大夫之礼吗？还是前用三鼎之礼，后用五鼎之礼呢?"平公说："不是，是指棺木衣服的精美程度。"乐正子说："这不叫'超过'，只是前后贫富不同罢了。"

**[解析]**乐正子的话，说明了"超过"一词的内涵与外延问题。棺木衣服的精美程度不同，只是外延上的区别，不是内涵上的区别。

**【案例】**3.有一次，国王给他的仆人一个铜板，限他在三天之内买回一种"一物三吃"的食品，如果买不回来，就要砍他的头。两天过去了，东西还没有买到。仆人拿着铜板坐在街上的角落里发愁。这时阿凡提正好路过此地，见状便走过去问他为什么愁眉苦脸。仆人说："你看，天下哪有这样的道理！国王给我一个铜板，限我三天之内要给他买一种'一物三吃'的食品，我到处打听，谁也不知道哪儿有这种东西。今天已经是第三天了，要是太阳下山之前还是买不着，我就活不成了！"仆人说着就哭了起来。阿凡提听了以后，蛮有把握地说："别害怕！不就是买'一物三吃'的东西吗？我帮你去买。"然后拉着仆人在街上买了个哈密瓜，一起去见国王。国王一看仆人捧着一个普普通通的哈密瓜回来，龙颜大怒，立即叫刽子手来砍仆人的脑袋。阿凡提上前一步，说道："陛下，请慢点下令！你的仆人已经满足了你的要求。这哈密瓜就是你所要的'一物三吃'的食品。第一，瓜瓤，你可以吃；第二，瓜皮，羊可以吃；第三，瓜子，鸡可以吃。”国王一听，虽然不符合自己的本意，但是阿凡提说的话，句句都符合情理，于是便放了仆人。

[**解析**]“一物三吃”这个概念是一个内涵和外延都很模糊的概念，阿凡提用了一个符合“一物三吃”的解释。

**【案例】**4. 老宋到上海出差，住在一家旅馆里。一天半夜，他被一群打牌人的笑声惊醒。

“十二点多了，你们休息吧！”他善意地对打牌人说。

“你睡你的，管不着我们。”一个打牌人说。

“你们这样大吵大闹，影响别人休息。”老宋继续劝说。

“影响别人，又不影响你。”打牌人不耐烦地说。

“这是公共场所，应该注意点。”老宋还是耐心地劝说。



“这是公共场所，又不是你的家。要你管什么闲事！”打牌人吵得更加厉害了。

[**解析**] 打牌人的狡辩有混淆概念的逻辑错误。



**【案例】**5. 一个青年到欧底姆斯那里去请教。这个智者为了显示自己的本领，就想在初次见面时给这个青年一个下马威。因此，一见面他就劈头提出这样一个问题：“你学习的是已经知道的东西，还是不知道的东西？”这个青年回答说：“学习的当然是不知道的东西。”于是欧底姆斯就向这个青年提出了一连串的问题：

“你认识字母吗？”

“我认识。”

“所有字母都认识吗？”

“是的。”

“而老师教你的时候，不正是教你字母吗？”

“是的。”

“如果你认识字母，那么老师教你的不就是你已经知道的东西吗？”

“是的。”

“那么，或者并不是你在学习，只是那些不认识字母的人在学习吧？”

“不，我也在学习。”

“那么，如果你认识字母，那你就是在学习你已经知道的东西了。”

“是的。”

“那么，你当初的回答就不对了。”

[**解析**] 这个青年就是这样被欧底姆斯弄得昏头昏脑，最后承认自己的错

误，而甘心拜他为师了。这里涉及概念的内涵和外延问题。

**【案例】** 6. 杰克有一个爱财如命的朋友。这位朋友十分吝啬，他有进无出，从不给别人一点东西。一天，吝啬鬼与朋友们出去游玩，他一不小心掉进了河里。朋友们都跑去救他，其中一个人跪在地上，伸出手并大声喊道："把手给我，我拉你上来!" 可是吝啬鬼宁可被水淹得两眼翻白，也不肯将手伸过来。这时，杰克走过来了，喊道："拿着我的手，我拉你上来。" 吝啬鬼一听，马上把手伸了过来，杰克与大家一起将他拉了上来。"你们不了解我这位朋友"，事后，杰克对大家说，"当你对他说'给'的时候，他无动于衷；当你对他说'拿'的时候，情况就不一样了，他就来劲了。"

**[解析]** 这里，"给"与"拿"两个概念的外延都是一样的，而吝啬鬼没有意识到这一点。



**(三) 概念的内涵与外延的性质**

对概念的内涵与外延的认识是人的主观认识，而人的某一阶段的认识不一定能够达到对事物的本质和全部范围的完全正确的认识。比如：

人是无毛且两足的动物。

这是柏拉图对人的内涵的一种解读。人们对太阳系大行星这一概念的外延的认识，开始认为是 9 颗，现在认识到只有 8 颗，"冥王星"不是太阳系的大行星。另外要注意，概念的内涵与外延具有确定性，也具有变化性。比如"人民"的概念随着时代的变化而变化。还要注意概念的内涵与外延大多数是对客观对象的反映，但是也有一些是人脑虚构的产物，比如"鬼""神""孙悟空"等概念。

## 第二节 概念的种类

为了进一步明确概念，准确地使用概念，我们对概念进行了分类。以一定的特征，特别是以内涵和外延作为标准，比如是否为特指、指称对象是否为集合体、指称对象是否具有某种属性等，将概念进行了分类。

### 一、普遍概念和单独概念

以概念的外延来看，根据概念反映对象的多少，是看其是特指还是泛指，可以将概念分为普遍概念和单独概念。

**1. 普遍概念：以一类对象作为反映对象的概念。**

房子、车子、人、学校等。

**2. 单独概念：以世界上某个独一无二的东西作为反映对象的概念。**

鲁迅、上海、喜马拉雅山、五四运动等。

表达单独概念的两种语言形式：专有名词和摹状词。摹状词是在普遍概念前面加上限定词。

专有名词：北京、珠穆朗玛峰等。

摹状词：中华人民共和国首都、世界上最高的山峰等。

## 二、集合概念和非集合概念



根据反映的对象是否为集合体，可以将概念分为集合概念和非集合概念。

**1. 集合概念：以集合体为反映对象的概念。**集合体是其整体的属性不为全部个体或所有部分所具有的事物。比如“政党”“丛书”“森林”“鲁迅全集”等。在“我们班同学来自全国各地”中“我们班同学”指一个整体，而不是指每一个同学。

**2. 非集合概念：以非集合体为反映对象的概念。**非集合体是其整体的属性为其每一个个体或所有部分所具有的一类事物。比如“我们班同学都是男生”中“我们班同学”即为非集合概念。

**3. 一个语词在一定的语境下多次出现，可以分别作为集合概念和非集合概念。**比如下列推理中的“中国人”和“鲁迅的著作”两个词：

中国人是勤劳勇敢的，我是中国人，所以，我是勤劳勇敢的。

鲁迅的著作不是一天能读完的，《狂人日记》是鲁迅的著作，因此，《狂人日记》不是一天能读完的。

**【案例】**1. 杭州人很秀气。

某北方人：我还没有去过你们杭州呢。你能用一个字概括一下杭州的特点吗？

某杭州人：杭州的特点，可以用一个字概括——“秀”。

某北方人：“秀”，是吗？

某杭州人：杭州山清水秀，杭州人也长得很秀气的。

某北方人：恐怕你说得不对吧。

某杭州人：为什么？

某北方人：你就不怎么秀气啊！

某北方人的言论错在什么地方？

［**解析**］该杭州人使用的“杭州人”一词是集合概念，不是非集合概念。“杭州人”很秀气，并不是指每一个杭州人都很秀气。

**【案例】**2. 1859年，达尔文出版了《物种起源》。从此，进化论就传播开来了。当时英国的教会觉得这是个极大的威胁，因此，教会于1860年6月30日在牛津召开了一次著名的会议，大主教威尔伯福斯也亲自上阵。反对达尔文学说的人都希望这位在当时被认为最聪明、最有才华的主教来驳倒进化论，而站在保卫达尔文学说的队伍最前列的是35岁的年轻教授赫胥黎。会议快结束时，大主教做了长篇演讲，他的演说暴露了他对达尔文学说的无知。后来，大主教撇开了科学的论据，进行了浅薄无聊的人身攻击，他说：“赫胥黎教授就坐在我的旁边，他是想等我一坐下就把我撕成碎片，因为，照他的信仰，人是由猿变的嘛！不过，我倒要问问：这个猴子子孙的资格，到底是从祖母那里得来的，还是从祖父那里得来的呢？”

听罢大主教的演说，赫胥黎立刻站了起来。他冷静、坚定、沉着、严峻地宣布：达尔文学说是对自然史现象的一个解释，达尔文的书充满了大量可以证明生物进化的事实，没有别的学说比达尔文的解释更合理。最后，为了科学的尊严，他对威尔伯福斯的人身攻击做了必要的回击。他说道：“我断言——我反复地断言，要说我起源于弯腰走路和智力不发达的可怜的动物，我并不觉得羞耻；要说我起源于那些自称很有才华、社会地位很高，却胡乱干涉自己一无所知的事情、任意抹杀真理的人，那才真正可耻！”

赫胥黎的这几句话，像一颗炸弹轰动了全场。拥护达尔文学说的大学生报以雷鸣般的掌声。威尔伯福斯哑口无言，狼狈不堪。卑劣的人身攻击并没有给宗教任何帮助。经过这一场争论，达尔文主义倒是真正站稳了脚跟。

［**解析**］威尔伯福斯的言论，把在集合意义上使用的概念用在了非集合意义上。人是由猿变的，这里的“猿”不是指一只具体的猴子，“人”也不是指哪一个具体的人。这里威尔伯福斯混淆了集合概念和非集合概念。

## 三、正概念和负概念

**1. 正概念是反映某个对象具有某种属性的概念。**

正义战争、国家工作人员、党员等。

**2. 负概念是反映某个对象不具有某种属性的概念。**

非正义战争、非国家工作人员、非党员等。

要注意负概念一般是正概念前面加否定词，但是不能说加了一些类似的否定词的就是负概念。比如“不丹”“无锡”“非洲”等。

**3. 负概念的论域问题。**

负概念的论域，指负概念反映的范围。比如对“非正义战争”来说，正义和不正义的区分是在什么范围内来讨论的。

负概念的论域＝正概念＋负概念的范围。比如“非正义战争”的论域是“正义战争＋非正义战争的外延＝战争”。

**【案例】**小王上班忘记戴安全帽。工长对他说：“为什么不戴安全帽？照章罚款10元。”“罚款？且慢。”小王抓了抓脑袋，灵机一动，狡辩说：“工长，你看那边门上不是明明写着‘非工作人员不得入内’几个大字吗？既然‘非工作人员不得入内’，而安全帽当然不是工作人员，所以我是照章没有戴它入内的呀！”

［**解析**］要准确地理解两个概念之间的关系，就必须把握它们的论域。所谓论域就是指思想或议论所涉及的特定范围。某个负概念的论域就是它所从属的概念。“非工作人员”的论域就是“人员”的概念，不是人的东西就不能成为“非工作人员”的论域。




## 第三节　概念间的关系

这里讲的概念间的关系，指的是概念的外延间的关系。以概念是否具有相同的分子，把概念之间的关系分为相容关系和不相容关系。相容关系包括全同关系、种属关系（真包含于关系）、属种关系（真包含关系）、交叉关系；不相容关系又包括矛盾关系和反对关系。我们可以用欧拉图来表示这种概念间的关系。

### 一、相容关系

相容关系是两个概念至少有部分共同分子、至少有部分外延重合的关系。根据重合的不同范围，把概念之间的关系分为全同关系、属种（包含、包含于）关系、交叉关系等。

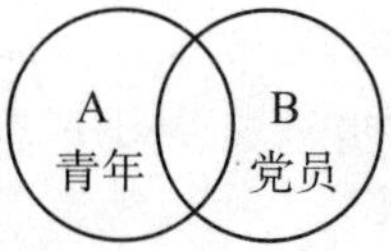


图 2-1　交叉关系

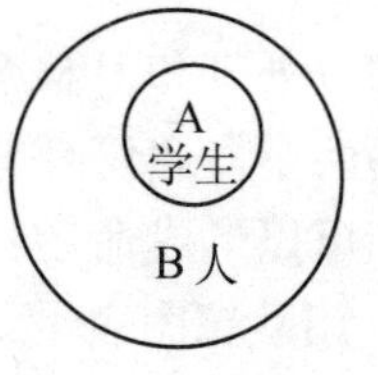


图 2-2　真包含于关系

图 2-3　全同关系

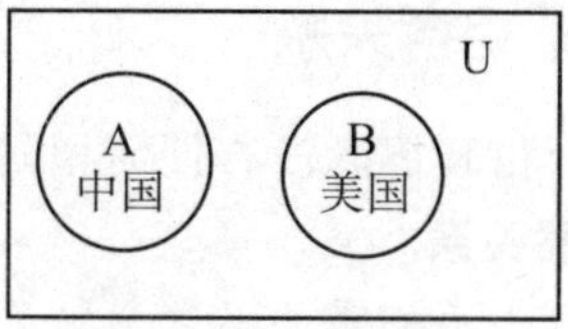


图 2-4　全异关系



**1. 全同关系。**

全同关系是两个概念的外延完全相同的关系。用欧拉图表示如上图 2-3，图中 A 和 B 为同一关系，外延完全相同。

造成同一关系的原因，是从不同的侧面反映一个对象的本质属性或特有属性，由此形成了内涵不同而外延相同的不同概念。比如：

北京、中华人民共和国的首都
珠穆朗玛峰、世界上最高的山峰
番茄、西红柿

**2. 属种（真包含）关系。**

属种关系或真包含关系是两个概念之间外延较大的概念完全包含了外延较小的概念。用欧拉图表示如上图 2-2，B 真包含 A。比如：

学生与大学生、学校与大学、法院与高级法院、人与学生

**3. 种属（真包含于）关系。**

种属关系或真包含于关系是两个概念之间外延较小的概念完全包含在外延较大的概念里。“真包含”区别于同一关系的互相包含。用欧拉图表示如上图 2-2，A 真包含于 B。比如：

大学生与学生、大学与学校、高级法院与法院、学生与人

**4. 交叉关系。**

A 概念的部分外延和 B 概念的部分外延是相同的分子，而另一部分却是不同的分子，即两个概念仅有一部分分子相同。

由此，我们可以形成命题：有些 A 是 B，有些 A 不是 B；有些 B 是 A，有些 B 不是 A。用欧拉图表示如上图 2－1。比如：

教师和律师、青年和党员、师范院校和专科学校

## 二、不相容关系

A 概念和 B 概念没有任何相同的分子，即所有 A 不是 B，所有 B 不是 A。

**1. 矛盾关系。**

A 与 B 为不相容关系（全异关系），且 A＋B 的外延＝论域 C，A 不是 B，B 不是 A；对论域中的任一对象而言，不是 A 就是 B，当然，不可能既是 A 又是 B，也不可能既不是 A 又不是 B。“非此即彼”正是正概念与其负概念的关系。比如：

团员和非团员、教师和非教师、正义战争和非正义战争

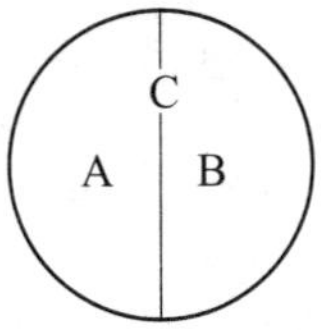


**2. 反对关系。**

A 与 B 为不相容关系，且 A＋B 的外延＜论域 C，A 不是 B，B 不是 A；对论域中的任一对象而言，可能既不是 A，又不是 B。比如：

团员和党员、中学生和大学生、中年人和老年人、中国和美国

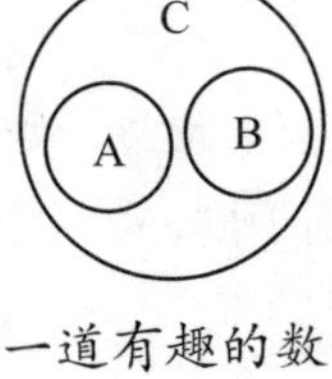


**【案例】**1. 老师给学生出了一道有趣的数学题：两个爸爸，两个儿子，分三个烧饼，每人要分到一个，怎么分呢？

有的同学说：大人两个人一个，小孩一人一个。

张老师说：那不行，不能分半个，每人都要分一个。

有的同学说：除非再买一个，否则没法分。

请问有什么好的方法？

[**解析**] 因为两个概念的外延可以是重合的，所以实际上只有三个人，不过是三代人，一人一个即可。

**【案例】** 2. 清朝人纪昀在《阅微草堂笔记》中，曾经讲过一个故事。原文大意如下：

有人梦中到了阴府，看见一个官员在阎王面前，自称生时为官清廉，所到之处，只饮一杯清水，无愧于鬼神。阎王笑了笑说："设官是为了兴利除弊，如果不贪财就是好官，那么在公堂中设一木偶，连水也不用喝，岂不更胜于你？"官员答道："我虽无功，但总无过吧！"阎王又说："你处处只求保全自己，对某狱因避嫌疑而不言，对某事因怕麻烦而不办，岂不是负国负民？无功就是有过啊！"此官员无言可答。

[**解析**] 功和过之间是矛盾关系，无功就是过。

**【案例】** 3. 明朝人冯梦龙的《笑府》中，记载了这样一个故事：

有一个少年是个象棋爱好者，他一有空就找人下棋。后来他拜师学艺，棋艺大有长进，村里已无对手。于是他就在大路旁的树下设下茶摊，摆下棋盘，旁边挂了一块牌子，上面写道："喝茶不要钱，但需下盘棋。"许多过路人到此边喝茶边与少年对弈，但是他们通通败在了少年的手下。少年十分得意。一天，又有一位旅客走到此地。他大概是太渴了，端起碗就喝，一连喝了三碗。事后，少年非常客气地邀请他下棋。那人擦了擦汗，说："一定要下一盘棋吗？我还要赶路呢！"少年指了指树下的牌子，笑着说："您喝了我的茶，当然要与我下棋。"旅客只好坐下来与少年下起棋来。少年这回可遇到高手了。双方只走了十几个回合，少年就招架不住，败下阵来。旅客觉得少年根本不是他的对手，起身就要离去。少年一把拉住了他，说："大哥，您年龄比我大，我尊重您，所以，这盘棋我是让您的。第二盘我要拿出我的真功夫了。"旅客信以为真，他又与少年下了第二盘棋。可是，不一会儿工夫，少年又输了。"我现在可以走了吧？"旅客边说边起身。"客官请慢，您还有一盘棋没有下呢。"少年说。"不是已经下完两盘了吗？"旅客不解。"您刚才喝了我三碗茶，按规定就得与我下三盘棋啊。"少年说。旅客被逼得无可奈何，只好又与少年下了一盘。结果，少年还是没有挽回败局。这时旅客站起来对少年说："小兄弟，好好练吧，三年后咱们再下棋！"过了几天，一个绅士把少年叫去，问他："听说前几天你与京城来的高手下过棋?"少年此时才明白，那个棋手原来是象棋国手，难怪那么厉害。"你们下了几盘? 胜败如何?"绅士问道。少年不愿意说出自己连输三盘的悲惨结局，于是他灵机一动，回答说："第一盘我没有赢，第二盘他没有输，第三盘本来我可以赢的，可是他又不肯。"绅士一听，高兴极了："你小小年纪，就能与国手战成这个成绩，可喜可贺！你为我们家乡争了光。"

[解析] 少年没有说假话，他巧妙地运用概念外延间的反对关系，掩盖了自己连输三盘的战绩。

## 第四节　概念的定义



### 一、何谓定义

定义是揭示概念内涵的逻辑方法。以一些更易于理解的概念来替换不易理解的概念，用简明精练的语句将一个概念的内涵揭示出来。由于概念的内涵是反映在概念中的对象的本质属性或特有属性，因此，定义或下定义也就是揭示被定义概念所反映的对象的本质属性或特有属性。这是作为动词的定义。作为名词的定义指陈述一个概念内涵的语句。比如：

逻辑是研究思维的逻辑形式及其基本规律以及简单逻辑方法的科学。

半导体就是具有单向导电性的物体。

龙卷风就是短暂的小范围的猛烈旋风。

它由三部分组成：被定义项（Ds）、定义项（Dp）和联项。联项有"是""就是""即""……就是……"等。定义的结构是：Ds 就是 Dp。

### 二、下定义的方法

#### （一）属加种差定义

被定义概念＝种差＋属

操作时先找出被定义概念的属概念，再在属的范围内找出被定义概念反映的对象与其他同类对象之间的差别，然后将种差作为定语加在表达属概念的语词的前面，最后用联结词和被定义概念组成一个陈述句。比如：

商品是用来交换的劳动产品。

“商品”是被定义概念，“用来交换的劳动产品”是定义概念，“劳动产品”是商品的属概念。“用来交换的”是种差，表示商品这个种概念与其他种概念（比如农民自己生产、自己消费的不用于交换的农产品）的差别。种差反映对象的本质属性或特有属性。对象的本质属性或特有属性都是多个，因此，种差也可以有多种。不同学科对同一对象有不同定义。下定义也有多种属加种差的方法，比如性质定义、关系定义、发生定义、功用定义。

性质定义：法律是反映统治阶级意志的，由国家制定或认可，具体规定人们的权利和义务，并由国家强制力保证实施的，具有普遍约束力的规范。

关系定义：偶数就是能被 2 整除的数。

发生定义：圆是一个动点围绕另一个定点做等距运动所形成的封闭的曲线。

功用定义：高压锅是以封闭形式获得高压高温来加工食品的炊具。

属加种差定义是用得最多的定义方式，但是有些概念的定义不适用这种方法，一种是哲学范畴，一种是单独概念。因为哲学范畴很难找属概念，而单独概念的种差也难找。这时下定义一般采用性质或特征描述的方法。

**（二）语词定义**

真实定义或实质定义揭示概念的内涵，即对象的本质属性或特有属性。但语词定义却是揭示语词所表达的意义的定义，即一个语词本身的意义，而不是语词所表达的概念的意义。

描述性（说明性）的语词定义：陈述或描述一个已在使用中的术语的一个或几个公认的意义。比如：

犊是小牛。

小生是戏剧生角的一种，指饰演青年男子的角色。

规定性的语词定义：通过规定，赋予给定的术语特定的意义。该术语可以是一个新造的语词或符号表达，也可以是一个旧术语被用于特定的新意义。比如：

“五四三”办公室（“五讲四美三热爱”办公室）

“三好”学生

## 三、定义的规则

**1. 揭示事物的本质属性。**

这是定义的基本要求。

**【案例】** 甲先生：张三是个好男人。他工作上积极肯干，业绩突出。我希望有更多像他一样的员工。

乙女士：我不同意。张三不是一个好男人。他花心，离过两次婚，经常和狐朋狗友一起酗酒。

［**解析**］一个人的属性可以是多个方面的。讲一个人好坏，要看是在工作上，还是生活上。

**2. 定义相应相称，即定义项和被定义项的外延应该相等，否则就叫定义过宽和定义过窄。**



**【案例】** 1. 著名的古希腊哲学家柏拉图曾经在雅典一个花园中创办了一所学校叫“阿卡德米学园”，讲授哲学、数学、天文学、音乐理论等，前后达41年之久。有一天，柏拉图与学生们在花园中散步，学生边走边向老师请教。一个学生问柏拉图：“您说，巨匠创造了一切生物，创造了人。那么，人是什么?”这个问题似乎难倒了这位大哲学家，他皱起了眉头。柏拉图思考了半晌，对学生说：“人依靠两条腿走路，依我之见，人是两腿直立的动物。”学生们听了，感到很不满意，心想：用两条腿走路的动物多着呢！难道它们都是人？有一个调皮的学生，不知道从哪里抓来一只鸡，问柏拉图：“请问老师，这是人吗?”鸡长有两条腿，但鸡显然不是人。柏拉图觉得自己的说法有漏洞，连忙修正自己刚才的说法：“人是没有羽毛的两腿直立的动物。”柏拉图心想：人与鸡的区别只不过在于人没有羽毛而鸡有羽毛罢了。这样回答，学生该满意了吧？正当柏拉图自以为是的时候，有一个学生，找来了一只拔光了羽毛的鸡，在柏拉图面前高高举起，问老师：“这只没有羽毛的鸡，难道是您所说的人吗?”学生们大笑起来。柏拉图把目光落在这只没有羽毛的鸡上，过了一会儿，又把目光落在他的学生身上，半天说不出话来。从此以后，学园的学生就把那只没有羽毛的鸡称作柏拉图的“人”。

［**解析**］柏拉图力图把人和其他动物区别开来，揭示人的本质属性，但柏拉图并没能够回答“人是什么”的问题。给人下定义，就是要揭示人的本质属性，用属加种差的方法下定义。比如“人是制造和使用工具的动物”，从而把人和鸡等动物区别开来。相比之下，柏拉图的定义过宽了。

**【案例】** 2. 有人给平反下了一个定义：平反是对处理错误的案件进行纠正。

以下哪项是对上述定义的不严格的说明？

A. 对案件是否处理错误，应该有明确的标准。

B. 应该说明平反的操作程序。

C. 应该说明平反的主体及其权威性。

D. 对平反的客体应该具体分析，平反了不等于没有错误。

E. 对原来重罪轻判的案件进行纠正不应该称为平反。

［**解析**］正确答案：E。处理错误的案件，有重罪轻判、轻罪重判和无罪而判等情况。对后面两种情况的纠正叫作平反，第一种情况不叫作平反。这里涉及相应相称的问题。题干中的定义过宽了。

**3. 定义项不得直接或间接包含被定义项。**

定义是要揭示概念的内涵，不能包含被定义项，如果包含了被定义项，就不能很好地解释被定义项了。直接包含的逻辑错误是同语反复，间接包含的逻辑错误叫循环定义。

同语反复：乐观主义者就是乐观地对待生活的人。

循环定义：什么是辩证法？辩证法是与形而上学根本对立的世界观；什么是形而上学？形而上学是与辩证法根本对立的世界观。

**【案例】**

儿子："爸爸，什么叫'矛盾的论断'呢？"

爸爸："矛盾的论断就是不合逻辑的论断嘛。"

儿子："那么，什么叫'不合逻辑的论断'呢？"

爸爸："哎，这还用得着说吗？不合逻辑的论断就是矛盾的论断啊！"

儿子："那到底什么是逻辑呀？"

爸爸："嘿，我的儿子，你真要打破砂锅问到底哟！告诉你，逻辑呀，就是一门学问。这门学问嘛，就是专门讲逻辑的。明白了吧？"

［**解析**］在这个故事中，父亲两次违反了下定义的规则，分别犯了"循环定义"和"同语反复"的逻辑错误。

**4. 正概念的定义要用肯定形式，一般不用否定形式。**

比如下例就没有很好地给"行政特区"和"清醒"下定义：

> 行政特区不是经济特区。
>
> 清醒就是非昏迷的状态。

**5. 定义要清楚确切。**

去除各种修辞手法，不能使用比喻或含糊的语句。违反这条规则就犯了“以比喻代定义”“定义不清”的逻辑错误。比如：

教师是人类灵魂的工程师。

生命就是内在关系对外在关系的不断适应。

**【案例】**1. 我这里要评判一种“主义”，这种主义叫个人主义。它属于资产阶级思想。所谓个人主义，就是一切从个人出发，把个人利益放在集体利益之上，只顾自己、不顾别人的错误思想。个人主义的表现形式多种多样，其中包括个人英雄主义、自由主义、宗派主义等。

［**解析**］这里运用了多种逻辑方法。首先是限制的方法，将“主义”限制为“个人主义”；其次运用了概括的方法，把“个人主义”概括为资产阶级思想；再次运用了定义方法，对“个人主义”进行了定义；最后对概念进行了划分，把个人主义划分为个人英雄主义等。



**【案例】**2. 富兰克林是18世纪美国著名的科学家。一次，富兰克林的仆人问他：“主人，绅士是什么？”

富兰克林回答道：“这是一种生物，能吃、能喝、能睡觉，可是什么也不做。”

过了一会儿，仆人跑到富兰克林身边说：“主人，我现在知道绅士是什么了。人们在工作，马在干活，牛也在劳动，唯有猪只知道吃、喝、睡觉而什么也不干。毫无疑问，这猪便是绅士了。”

［**解析**］在这个故事中，富兰克林用了下定义的方法来回答仆人的问题，对绅士进行辛辣的讽刺和嘲笑。

**【案例】**3. 一天，新闻系主任给刚入学的学生讲授“新闻学概论”。首先，他向同学们提出了这样一个问题：“什么是新闻？”在新闻系主任看来，弄清楚这个问题对于大家今后从事新闻工作意义重大。同学们纷纷举手，要求发言。A同学说：“新闻就是关于东西南北各地所发生的事情的报道。因为在英语中，‘新闻’是用news来表达的，而news是由north（北）、east（东）、west（西）、south（南）四个词取其首字母缩写而成的。”B同学说：“我认为，新闻就是关于离奇的、非同一般的、出乎意料的事件的报道。狗咬人不是新闻，人咬狗才是新闻。”C同学说：“新闻就是对多数人感到有兴趣而带有刺激性的事件的报道。比如阿富汗战争、‘9·11’事件、以色列与巴勒斯坦的暴力冲突等等就是新闻。”D同学说：“新闻，顾名思义，就是新近的听闻。”E同学说：“新闻新闻，关键就在于一个‘新’字嘛。所以，新闻不过是对刚发生的事的报道。”F同学说：“你们的说法太抽象，依我之见，新闻就是传话筒、开心果。”……同学们七嘴八舌，莫衷一是。最后，新闻系主任总结说：“大家的发言很好，每一个同学都对‘新闻’下了一个定义，也都有一定的道理，但是也存在一定的局限。什么是新闻呢？我认为，新闻就是报社、电台、电视台等媒体机构对新近发生的政治事件或社会事件所做的报道。”

[**解析**] 给一概念下定义，必须要遵守下定义的规则。下定义的规则主要有：第一，定义项必须与被定义项外延相同；第二，定义项不得直接或间接包含被定义项；第三，定义项不能用隐喻；第四，定义不应当是否定的。根据这些规则来分析：A同学的定义不符合规则1，犯了定义过宽的逻辑错误；B同学的定义和C同学的定义同样不符合规则1，犯了定义过窄的逻辑错误；D同学的定义不符合规则2，犯了循环定义的错误；E同学的定义不符合规则4，用了否定的形式；F同学的定义不符合规则3，用了隐喻。

## 第五节 概念的划分

### 一、什么是划分

以一对象的属性为标准，将一个属概念的外延分成若干个种概念，以明确概念的外延的逻辑方法。划分比通过列举分子来明确外延更易操作。分类和列举是特殊的划分。比如：

科学包括自然科学和人文社会科学。

三角形可以分为锐角三角形、直角三角形和钝角三角形。

要注意，划分不同于分解。分解是把一个表示整体的概念，分为若干个表示部分的概念。比如，把人民法院分为基层人民法院、中级人民法院、高级人民法院和最高人民法院是划分，把一个法院内部分为办公室、纪检处、刑事庭、民事庭等是分解。

被划分的概念叫划分的母项，划分后得到的概念叫划分的子项，划分依据的属性叫划分的根据。道家非常注重对概念进行划分。下面这个故事是在讲概念的划分问题。

《庄子·说剑》讲了一个故事：赵文王喜欢剑术，精于剑术的人蜂拥而至，门下为客的有三千多人，日夜不停地在文王面前击剑，一年死伤百余人。像这样有三年了，国势日益衰落，各国诸侯图谋攻取赵国。太子悝找庄子前去游说。庄子首先讲了剑术的种类有天子之剑、诸侯之剑、庶人之剑，称大王拥有天子之位却喜好百姓之剑。赵文王听后三个月不出宫门，剑士们都自杀于所住的地方。庄子说明了每个人应该做的事情，国王有国王的职责，不该只喜好平民之剑，而应该履行好自己的职责。

## 二、划分的方法

**1. 一次划分和连续划分。**

一次划分：一个母项，同一层次多个子项，一个根据。比如：



图书分为自然科学图书和社会科学图书。

连续划分：将划分以后得到的子项又作为母项继续划分。比如，在以上划分后，还可以进一步划分：

图书分为自然科学图书和社会科学图书。自然科学图书又分为物理书、化学书、生物书等。

**2. 二分法。**

将母项划分为两个相互矛盾的子项。比如：

人类社会形态分为阶级社会和无阶级社会。

考试成绩分为及格与不及格。

## 三、划分的规则

**1. 划分必须是相称的。**

母项外延要等于子项外延之和。错误：如果子项外延之和小于母项外延，叫划分不全；如果子项外延之和大于母项外延，叫多出子项。比如：

现代汉语中句子可以分为陈述句、疑问句、祈使句、感叹句。

如果将感叹句去掉，就是划分不全；如果将简单句和复合句加上，就是多出子项。

**2. 一次划分的根据必须同一。**

错误：混淆根据。比如：

邮件可分为国内邮件、国际邮件、平寄件、快寄件、汇款件。

**3. 划分的子项应是相互排斥的。**

子项间为全异关系。错误：子项相容。比如：

专科学校可以分为高等专科学校、中等专科学校、师范专科学校。

**【案例】**一个老大爷带着12岁的孙女去医院看病。小孩头疼，发烧到39度多。先到内科看病，医生问："小孩几岁哪?"老大爷说："12岁。"医生说："我们这里是内科，看12岁以上的病人，小孩的病要到儿科看。"爷爷带小孩到儿科，儿科医生问："小孩多大了?"爷爷说："12岁。"医生说："我们这里是儿科，看12岁以下的儿童，你要到成人科室看病。"小孩正好12岁，就不知道去哪里看病了。

［**解析**］医院的规定正好漏掉了12岁的小孩，犯了划分不全的逻辑错误。





## 第六节 概念的概括和限制

### 一、内涵和外延的反变关系

概念的内涵和外延之间有一种反变关系。增加内涵，就缩小外延；扩大外延，就减少内涵。比如：

大学——师范大学
教师——大学教师

### 二、概念的概括

依据内少外大的原则，通过减少内涵，使得一个外延较小的概念过渡到一个外延较大的概念。概括前后的概念之间是种属关系。要注意，去掉修饰语不是减少了内涵，不算概括。概括的极限是范畴概念。

**【案例】**1.《庄子·至乐》讲到，庄子的妻子死了，惠子去吊唁，庄子却叉开两腿像簸箕一样坐着，边敲瓦缶边唱歌。惠子说："这岂不是太过分了吗?"庄子说："死去的人静静地安息于天地之间，而我还在啼哭，自认为是不明白生命自然往复运行的道理，所以停止了哭泣。"

［**解析**］庄子把妻子的死归结于自然规律，因而没有什么可悲伤的，涉及概念的概括。

**【案例】** 2. 有一天，楚王带着他心爱的弓箭去打猎。他骑着马、背着那心爱的弓箭，在田野、丛林、山岗里来回奔跑，射中了许多猎物。天黑以后，楚王回到了宿营地，一检查发现喜爱的弓箭不见了。“这是一张天下无双的弓啊!”楚王口中念道，心里十分难受。“报告楚王，我们马上集合人员把大王的弓箭找回来!”楚王在大帐中来回踱步，半晌才说：“算了算了，不用找了。”他说：“楚国人丢的弓，还是楚国人拾得，这张弓还在楚国啊!”“大王大度，大王英明!”左右齐声欢呼。这件事一传十，十传百，传到了孔子的耳朵里。孔子感叹道：“楚王的仁义还是没有做到家啊。应该这么说就好了，‘人丢的弓，人拾了去’，何必要说楚国呢?”

[**解析**] 这里涉及概括的问题。从楚人丢弓，楚人拾了去，到人丢弓，人拾了去，这是一个概括的过程。孔子是说楚王还不够大度。





## 三、概念的限制

依据内多外小的原则，通过增加内涵，使得一个外延较大的概念过渡到一个外延较小的概念。限制前后的概念之间是属种关系。限制的极限是外延最小的概念，即单独概念。限制是增加限制词，缩小外延。要注意限制与修饰的区别，修饰不是限制。比如“雄伟的天安门”，“雄伟的”就不是限制，因为“天安门”是专有名词，不能再限制了。

**【案例】** 1. 1954 年 4 月，周恩来总理出席关于印度支那战争问题的日内瓦会议。在休会期间，他邀请卓别林到中国餐馆赴晚宴。席间，卓别林望着桌子上的北京烤鸭说道：“我这个人对鸭子有着特殊的感情，所以我是不吃鸭子的。”众人听了，甚感不解，忙问其故。卓别林说：“我所创造的流浪汉夏尔洛，他令人捧腹的步态，就是从鸭子走路的姿态中得到启发的。为了感谢鸭子，我从那以后就不吃鸭子了。”使馆的人员连忙站起来说：“非常抱歉……”卓别林笑着说：“不过，这次可以例外。”众人问：“为什么?”卓别林答：“因为这不是美国鸭!”卓别林的一席话，引得大家笑声不断，为幽默大师别具特色的幽默感所倾倒、折服。随后，卓别林边吃北京烤鸭边赞不绝口。

[**解析**] 从“鸭”到“美国鸭”，就是一个限制的过程。卓别林说他不吃“鸭”，修改为他不吃“美国鸭”，这样就可以吃了。

**【案例】** 2. 相传在杭州任职的郑板桥一次到金山寺游玩。寺里主事的老和尚见他衣着简朴，相貌平常，对他相当冷淡，只是随便说了声“坐”，又对小和尚说了声“茶”。待郑板桥坐下，与之交谈后，老和尚方觉得客人才学过人，来历不凡，顿时肃然起敬，连忙作揖，又把郑板桥引至厢房中，问道："请问先生府上何方？"郑板桥回答说："扬州兴化。"老和尚一听，客气多了，说："贫僧也是扬州兴化人，我们是同乡啊，幸会幸会。请坐！"郑板桥刚坐下，小和尚端了杯凉茶进来，老和尚手一挥，说："泡茶！"小和尚退了出去，泡了杯热茶进来。老和尚与郑板桥交谈了一阵，问道："先生可认识扬州兴化郑板桥？他的字画可是名扬四海呀！"郑板桥笑着说："他的字画我都见过，没有什么了不起！"老和尚有点不高兴："先生此言差矣！你看这一幅墨竹，就是他画的，画得惟妙惟肖，栩栩如生，堪称本寺一宝。"郑板桥笑了一笑，说："这幅墨竹是我亲眼看见他画的。"老和尚有些摸不着头脑了，急忙问："那么，先生您是？"郑板桥答："敝人就是郑板桥。"老和尚顿时喜笑颜开，忙说："久仰久仰！"然后指着大红椅子说："请上座！"又对小和尚大声喊道："泡香茶！"郑板桥坐在上首的椅子上，喝着刚泡好的好茶，与老和尚谈起字画。老和尚见这样一位名人光临，感到脸上增光，态度更加殷勤。茶毕，郑板桥起身告辞，老和尚十分恳切地说："贫僧想请大人留点墨宝，不知道肯不肯赏脸？"郑板桥犹豫了一下，脑海中浮现出老和尚前倨后恭的态度变化。然后微笑着提起笔，写了一副对联："坐请坐请上座，茶泡茶泡香茶。"老和尚看罢，立刻觉得脸上火辣辣的，羞愧不已。从此以后，这个对子也被用作讽刺"势利眼"的典故，并广为流传。

[解析] 这里运用的逻辑方法是限制。从"坐"到"请坐"再到"请上座"，从"茶"到"泡茶"再到"泡香茶"，是一个逐步限制的过程。





## 一、思考题

1. 什么叫概念？概念和语词的关系是什么？
2. 概念的内涵与外延是什么？如何理解概念内涵与外延的反变关系？
3. 概念的种类有哪些？如何区分集合概念与非集合概念？
4. 概念之间的关系有哪几种？
5. 如何给概念下定义？下定义的规则是什么？
6. 划分的规则有哪些？
7. 限制与概括的方法是什么？

## 二、练习题

1. 指出下列句子中括号内的文字，是从内涵还是从外延方面说明标有横线的概念的。

(1) 法人是指（具有民事权利和民事行为能力，依法独立享有民事权利和民事义务的组织)，它分为(国有型法人、集体型法人、私营型法人和混合型法人四种)。

(2) 文学是指(用语言塑造形象，反映社会生活，表达作者思想情感的艺术)，它包括(诗歌、散文、小说、戏剧文学等)。

(3) 生产力是(人们征服自然、改造自然的能力)，它包括(劳动者、劳动对象和劳动工具)三个要素。

2. 指出下列各组概念间的外延关系，并用欧拉图表示。

(1) 北京、中华人民共和国的首都。

(2) 学生、学生会、学校。

(3) 教师、科学家、书法家。

(4) 车、自行车、电动车、摩托车。

3. 对下列概念各进行一次概括和限制。

(1) 中国历史。

(2) 红色。

(3) 大学生。

4. 下列定义是否正确？为什么？

(1) 共同犯罪是指二人以上共同故意犯罪。

(2) 原因就是导致结果的事件。

(3) 眼睛是心灵的窗户。

(4) 逻辑学就是研究逻辑的科学。

(5) 所谓语言不是上层建筑。

(6) 商品是用货币进行交换的劳动产品。

5. 下列划分是否正确？为什么？

(1) 地球可分为南半球和北半球。

(2) 期刊分为月刊和季刊。

(3) 一年可以分为春、夏、秋、冬四季。

(4) 参展的影片分为故事片、科教片、武打片、新闻片。

6. 指出括号内概念的种类，是单独概念还是普遍概念，是集合概念还是非集合概念。

(1)(人民)，只有(人民)才是创造世界历史的动力。

(2)(清华大学)是我国著名的(高校)。

(3)(群众)是真正的英雄，而我们自己则往往是幼稚可笑的。

## 三、选择题

1. 西蒙：我们仍然不知道机器是否能够思考，计算机能够执行非常复杂的任务，但是缺少人类智力的灵活特征。

罗伯特：我们不需要更复杂的计算机来知道计算机是否能够思考，我们人类是机器，我们思考。

罗伯特对西蒙的回应是基于对以下哪个词语的重新理解？

A. 计算机　　B. 知道　　C. 机器　　D. 复杂

2. 皇帝：大海另一边的敌国几个世纪以来一直骚扰我们，我想征服它并且一劳永逸地消除这种骚扰。你能给我什么建议？

海军上将：如果你穿过大海，一个强大的帝国将会衰落。

皇帝：那样的话，准备部队，今天晚上我们就出海。

下列选项中，对皇帝决定入侵的最正确的评判是哪一项？

A. 必定导致那位皇帝的失败。

B. 基于不是关于军队强弱的客观事实观点。

C. 与海军上将的陈述相冲突。

D. 没有充分考虑海军上将的建议的可能意义。

E. 对解决即将发生的问题来说是一个无效的策略。

3. 有一种观点认为，到 21 世纪，和发达国家相比，发展中国家将有更多的人死于艾滋病。其根据是：据统计，艾滋病病毒感染者人数在发达国家趋于稳定或略有下降，在发展中国家却持续快速发展；到 21 世纪，估计全球的艾滋病病毒感染者将达到四千万至一亿一千万人，其中，60%将集中在发展中国家。这一观点缺乏充分的说服力。因为，同样权威的统计数据表明，发达国家的艾滋病病毒感染者从感染到发病的平均时间要远远短于发展中国家，而从发病到死亡的平均时间只有发展中国家的二分之一。

以下哪项最为恰当地概括了上述反驳使用的方法？

A. 对论敌的立论动机进行了反驳。

B. 指出论敌把两个相近的概念当作同一个概念来使用。

C. 对论敌的论据的真实性提出质疑。

D. 提出一个反例来否定论敌的一般性结论。

E. 指出论敌在论证中没有明确具体的时间范围。

4. 某架直升机上有 9 名乘客，其中有 1 名科学家，2 名企业家，2 名律师，3 名美国人，4 名中国人。

补充以下哪一项，能够解释题干中总人数和不同身份的人数的不一致？

A. 那位科学家和其中的 1 名美国人是夫妻。

B. 其中 1 名企业家的产品主要出口到美国。

C. 2 名企业家都是中国人，其中有 1 名企业家是律师。

D. 其中 1 名律师是其中 1 名企业家的法律顾问。

5. 在美国出生的正常婴儿在 3 个月大时平均体重为 12～14 磅。因此，如果一个 3 个月大的婴儿体重只有 10 磅，那么他的体重增长低于美国平均水平。

以下哪项指出了上述推理中的一处缺陷？

A. 体重只是正常婴儿成长的一项指标。

B. 一些 3 个月大的婴儿体重只有 17 磅。

C. 一个正常的婴儿出生时体重达到 10 磅是可能的。

D. 平均体重增长同平均体重并不相同。



6. 李娜心中的白马王子是高个子的、相貌英俊的博士。她认识王威、吴刚、李强、刘大伟 4 位男士，其中有一位符合她的全部要求。

Ⅰ. 4 位男士中，有 3 个高个子，2 名博士，1 人相貌英俊。

Ⅱ. 王威和吴刚都是博士。

Ⅲ. 刘大伟和李强身高相同。

Ⅳ. 李强和王威并不都是高个子。

请问谁符合李娜的全部要求？

A. 刘大伟。　　B. 李强。

C. 吴刚。　　D. 王威。

7. 过去，在道德宣传上有很多不切实际的高调，以至于不少人嘴上说一套，背后做一套，出现了割裂的现象。通过对此现象的思考，有的学者指出，我们应该只要求普通人遵守“底线伦理”。

根据你的理解，以下哪一项作为“底线伦理”的定义最合适？

A. 底线伦理就是不偷盗，不杀人。

B. 底线伦理是作为一个普通人所应该遵守的一套起码的、最基本的行为规范和准则。

C. 底线伦理不是要求人无私奉献的伦理。

D. 如果把人的道德比作一座大厦，底线伦理就是该大厦的地基部分。

8. 甲乙二人正在议论郑建敏。

甲：郑建敏是福特汽车公司如今最得力的销售经理。

乙：这怎么可能呢？据我所知，郑建敏平时开的是一辆日本车。

乙的判断包含了下列哪项假设？

A. 日本车越来越受欢迎，占有了越来越大的国际市场。

B. 这辆日本车的性能一定非常优秀，才能吸引福特公司的销售经理。

C. 一个公司的销售经理应当使用本公司的产品，哪能买别的公司的车。

D. 郑建敏开的那辆日本车可能是福特公司在日本合资企业生产的。

E. 最得力的销售经理应当享受最高级的待遇，所以郑建敏能够买日本车。

9. 根据过去10年中所做的4项主要调查得出的结论是：以高于85%的同龄儿童的体重作为肥胖的标准，北京城区肥胖儿童的数量一直在持续上升。

如果上述调查中的发现是正确的，那么据此可以得出以下哪项结论？

A. 10年来，北京城区儿童的运动量越来越少。

B. 10年来，北京城区不肥胖儿童的数量也在持续上升。

C. 10年来，北京城区肥胖儿童的数量也在持续下降。

D. 北京城区儿童发胖的可能性随其年龄的增长而变大。

10. 漏税指纳税人并非故意未缴或者少缴税款的行为。对漏税者税务机关应当令其限期照章补缴所漏税款；逾期未缴纳的，从漏税之日起，按日加收税款滞纳金。

根据上述定义，下列情况中属于漏税行为的是：

A. 杜某开了一家书店，税务部门规定对他的税款实行查账征收。当顾客不要求开发票时，他就不开发票；而当有大笔交易并且客户要求开发票时，他就将发票客户联撕下来，客户联与存根联分开填写，客户联上按实际数字填写，而存根联上则填写较小的数字。

B. 某著名歌星在某城市举办了一场个人演唱会，票房收入高达40万元，根据演出协议，这位歌星拿到了票房收入的25%即10万元。第二天，该歌星又赴另一城市演出去了。

C. 张大伯是一家小商店的店主，主要经营日用百货，税务管理部门核定他每月缴纳税款500元，他每个月都准时到税务局主动缴纳税款。但上个月由于家中出了事，几乎没有营业，当然也就没有什么盈利，因此他就没有到税务局缴纳税款。

D. 黄兴是一个屠夫，他干这一行已经好多年了。最近猪肉紧缺，价格上涨很快，县物价局对猪肉做了最高限价。由于购买生猪的价格又很高，他们的利润很低。为此，黄兴对税务管理员说，如果政府不取消限价，他们就不缴纳税款。

# 第三章　简单命题推理

推理是由一个或几个已知命题推出一个新命题的思维形式。它分为简单命题推理与复合命题推理。

简单命题推理或词项逻辑是把命题分解为词项，并且依据词项的性质进行推理的逻辑推理方法，有别于复合命题推理或命题逻辑。比如：

所有大学生都是学生，所以有的大学生是学生。

依据的是词项“所有”和“有些”之间的关系。比如：

所有我单位人员是国家工作人员，所以，所有我单位人员不是非国家工作人员。

依据的是词项“是”和“不是”之间的关系。再比如：

所有人都是有死的，
苏格拉底是人，
所以，苏格拉底是有死的。

这里的推理依据的是“人”“有死的”“苏格拉底”这几个概念之间的关系。

## 第一节　性质命题

### 一、性质命题概述

**1. 什么是性质命题？**

性质命题是断定某对象具有或不具有某种性质或属性的命题。比如：

大学生是国家未来的希望。
鲁迅是文学家。

非正义战争不是具有正义性质的战争。

**2. 性质命题的结构。**

对于一个性质命题，我们可以将其分为四个要素或部分：主项、谓项、联项和量项。比如：

所有适龄儿童都是要接受义务教育的。

主项：适龄儿童

谓项：要接受义务教育的

联项：是

量项：所有的

**3. 性质命题的种类。**

性质命题的量项有三种：全称、特称和单称。联项有两种：肯定和否定。组合起来总共有六种性质命题。

| 名称 | 结构 | 符号化 | 简称 |
|---|---|---|---|
| 全称肯定 | 所有 S 是 P | SAP | A |
| 全称否定 | 所有 S 不是 P | SEP | E |
| 特称肯定 | 有的 S 是 P | SIP | I |
| 特称否定 | 有的 S 不是 P | SOP | O |
| 单称肯定 | 某个 S 是 P | SUP | U |
| 单称否定 | 某个 S 不是 P | SVP | V |

由于单称命题的主项是单独概念，单独概念的外延是一个特定的对象，所以在命题中断定了单独概念时，实际上也就断定了其全部外延，相当于一个全称命题。所以单称命题的性质相当于全称命题。后面我们就主要讨论前四种命题。当然单称肯定命题和单称否定命题之间的关系也有不同于两个全称命题之间关系的地方，它们之间是矛盾关系而不是反对关系，后面会单独讲到。

## 二、性质命题主谓项的周延性

周延性：周者，全也；延，即外延。凡是涉及全部外延的叫周延，否则叫不周延。四种性质命题主谓项的周延情况如下：

| 性质命题的种类 | 主项 | 谓项 |
| --- | --- | --- |
| 所有 S 是 P | 周延 | 不周延 |
| 所有 S 不是 P | 周延 | 周延 |
| 有的 S 是 P | 不周延 | 不周延 |
| 有的 S 不是 P | 不周延 | 周延 |

周延性规律：全称命题主项周延，特称命题主项不周延；否定命题谓项周延，肯定命题谓项不周延。

## 三、性质命题之间的关系

**1. 性质命题之间的逻辑关系。**



性质命题推理是性质命题之间的真假推出关系。要弄清楚性质命题之间的真假制约关系，首先要弄清楚这些性质命题自身的真假。从符合论的真理观看，真假是看命题与事实是否符合。所以首先要确定性质命题本身在什么情况下真，什么情况下假。而性质命题本质上是断定主谓项之间的外延关系，所以就可以将其与表示主谓项事实上的真假关系的欧拉图作为对照进行判断。于是有下列关系表：

| 判断的真假 \ S和P之间的关系 / 判断的类别 |  | 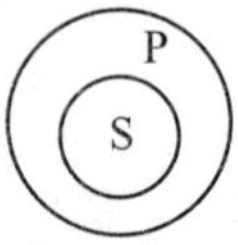 | 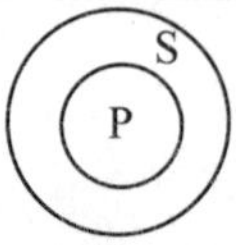 |  |  |
| --- | --- | --- | --- | --- | --- |
| A | 真 | 真 | 假 | 假 | 假 |
| E | 假 | 假 | 假 | 假 | 真 |
| I | 真 | 真 | 真 | 真 | 假 |
| O | 假 | 假 | 真 | 真 | 真 |

性质命题之间的关系可以概括为四种：

（1）反对关系（A—E）：可同假，不同真；

（2）矛盾关系（A—O、E—I）：不同真，不同假；

（3）下反对关系（I—O）：不同假，可同真；

（4）差等关系（A—I、E—O）：全称真，特称真，全称假，特称不定；特称假，全称假，特称真，全称不定。

性质命题之间的对当关系可以用逻辑方阵图表示：

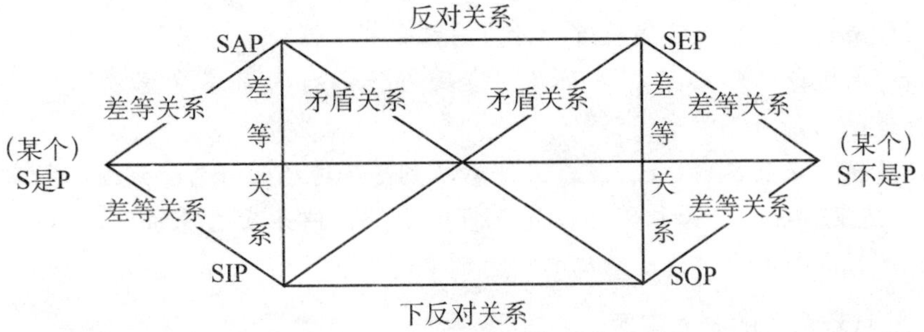


**【案例】**1. 有个丢了斧子的人，怀疑邻人的儿子偷了他的斧子，于是看邻人的儿子走路的姿态像是偷斧子的人，脸上的表情也像是偷斧子的人，说话的语调也像是偷斧子的人，行为态度更像是偷斧子的人。后来他在扬谷子的时候找到了自己的斧子。第二天再看邻人的儿子时，他一点都不像偷斧子的人了。

［**解析**］这里“邻人的儿子是偷斧子的人”与“邻人的儿子不是偷斧子的人”两个单称命题是一对矛盾关系命题。一真，另一必假。

**【案例】**2. 爱因斯坦在相对论创立之前是一个无名小卒。有一天，他在街上碰到一个熟人，那人看见他衣着寒碜，便问道：“你怎么穿得这么破旧?”爱因斯坦微微一笑说：“这有什么关系，反正这里没有人认识我。”过了几年，相对论问世了，爱因斯坦成了举世闻名的大人物。有一天在纽约街头，爱因斯坦又碰到这个熟人，那人一见到他就惊奇地问道：“你现在已经是大名鼎鼎的人物了，怎么还穿得这么破旧?”爱因斯坦毫不介意地说：“这又有什么关系呢？反正这里的人都认识我。”

［**解析**］爱因斯坦在这里说的两句话“这里所有的人都不认识我”和“这里所有的人都认识我”之间是反对关系，可以同时假，但不能同时为真，所以不能由假推真。因为爱因斯坦是在不同的时间说的这话，所以不存在矛盾。

**【案例】**3. 违法必究，但几乎看不到违反道德的行为受到惩罚，如果这成为一种常态，那么，民众就会失去道德的约束。道德失控对社会稳定的威胁并不亚于法律失控。因此，为了维护社会的稳定，任何违反道德的行为都不能不受惩罚。

以下哪项对上述论证的评价最为恰当?

A. 上述论证是成立的。

B. 上述论证忽略了有些违法行为并未受到追究。

C. 上述论证忽略了由违法必究推不出缺德必究。

D. 上述论证夸大了违反道德行为的社会危害性。

E. 上述论证忽略了，由否定“违反道德的行为都不受惩罚”，推不出“违反道德的行为都要受惩罚”。

［**解析**］正确答案：E。从“几乎看不到违反道德的行为受到惩罚”，即由否定“违反道德的行为都不受惩罚”推不出“任何违反道德的行为都不能不受惩罚”，即推不出“违反道德的行为都要受惩罚”。

**2. 特称命题的含义问题。**

特称命题又称为存在命题，有存在的含义，基本意义为“至少存在一个”，而与日常语言的“有些”有区别。并且它是指不特定的一个，所以其断定强度弱于表示特定一个的单称命题。比如：

张三来了，所以，有人来了；但有人来了，推不出张三来了。

**3. 关于单称命题的几个问题。**

（1）两个单称命题之间的关系。单称命题与全称命题的区别之一，是单称肯定和单称否定之间不是反对关系，而是矛盾关系。比如：

“鲁迅是文学家”和“鲁迅不是文学家”之间是矛盾关系。不同真，不同假。

（2）单称命题的断定强度问题。单称命题的断定强度介于全称与特称之间，与全称和特称之间均为差等关系。断定强度依次为：全称、单称、特称。比如：

全称：所有班上的同学都来了。

单称：班上的同学张山来了。

特称：班上有同学来了。

**【案例】**1. 宋朝《过庭录》记载，吴人孙山是当时有名的“滑稽才子”。一次孙山准备到郡府去考举人，一位同乡委托孙山带他的儿子一同前往。孙山考取了最后一名，而同乡的儿子落榜。孙山先行回家，这个同乡就问孙山：“我的儿子考中了没有?”孙山不好直截了当地回答，于是仿照欧阳修《踏莎行》中“平芜尽处是春山，行人更在春山外”，念了两句诗：“解元尽处是孙山，贤郎更在孙山外。”从此以后，人们便用“名落孙山”来表示没有考中。

一个向导陪法官打猎归来，有人问他：“今天法官的收获咋样?”他说：

"法官技术高超，只是上帝今日对飞鸟特别仁慈。"

某国电影院常有女观众戴帽子看电影，遮挡后排的观众视线，要求禁止。经理说："禁止不行，只有提倡才行。"大家感到十分不满。第二天，在电影播放前，银幕上放了一则通告："本院为了照顾高龄女客，允许她们照常戴帽，不必摘下。"通告一出，所有女客都把帽子摘下了。即使是五六十岁的顾客，也认为自己年轻貌美，不愿意承认自己是高龄女客。

［解析］以上几个例子是用不同命题表达同一个意思。

**【案例】** 2. 抗日战争时期，国民党政府贪污成风。重庆有一家报社，以确凿的证据揭露某行政部门"有一半人员贪污"。这一下可捅了马蜂窝，该部门大为光火，到报社兴师问罪，要求该报公开道歉，否则将严厉法办。

第二天，该报果然刊登了一则《重要更正》，上面说："某月某日本报所载'某部门有一半人员贪污'系'有一半人没有贪污'之误，特此更正。"某部门见了，哭笑不得，群众见了拍手称快。

［解析］下反对关系命题可以同时为真。

**【案例】** 3. 从前有一个县官，从来没有见过真老虎，可他却特别喜欢画老虎，画去画来总是像猫。有一次，这位县官又作了一幅画，题了一个大大的"虎"字。他喊来一个衙役问道："你看老爷我画得怎么样？"衙役看了看，摇摇头说："老爷，这哪像虎，像只猫。"县老爷气坏了，打了这个衙役二十大板。刚刚打完衙役，一个丫鬟进门来，县太爷又问："你看老爷我作的画，像不像？"丫鬟连忙回答说："像，像！真有点像太太养的那只猫。"于是丫鬟也挨了顿臭骂。县官又问师爷："你说实话，老爷我画的这是个什么？"师爷说："老爷，不怕您不高兴，您画的这个东西呀，说起来，老爷您最害怕。"

县官："老爷我怕什么？"

师爷："老爷您怕皇帝呀！"

县官："那皇帝怕什么呢？"

师爷："皇帝怕天——皇帝乃天之子也。"

县官："天怕什么呢？"

师爷："天怕云——乌云遮天哪。"

县官："云怕什么呢？"

师爷："云怕风——风吹云散。"

县官："风怕什么呢？"

师爷："风怕墙——墙可挡风。"

县官："墙怕什么呢？"

师爷："墙怕老鼠——老鼠专门在墙上打洞。"

县官："老鼠怕什么呢？"

师爷："老鼠啊，老鼠就怕老爷画的这个东西哟！"

［解析］两个命题为同一关系，老鼠最怕的东西和猫是同一关系。

**【案例】**4. 一个国外故事讲道，法官洛肯布鲁与将军约克逊是莫逆之交。一天，法官请求将军把他掌握的军事情报告诉他。将军当然不会泄密，但又不愿意直说。他皱了皱眉头，说："法官先生，你能绝对保守秘密吗？"法官说："将军，那当然啦，我完全能够保守秘密的，你放心好了。"将军说："那太好了，我也能呀！亲爱的朋友。""哈哈哈！"两个人同时笑了起来。

［解析］两个人都能保密是同一关系。



**【案例】**5. 清代陈其元的《庸闲斋笔记》中记录了这样一件事：嘉兴马淡于多次参加科举考试不中，每年都要变卖妻子的首饰当作路费去应试。妻子苦苦相劝，他就是不听。有一年发榜时，报录人报他录取了。他得意扬扬地对妻子说："如何？"并摆出架子让妻子给他穿鞋。靴子还没有穿上，报录人又回来说报错了。妻子仰起头来说："如何？"

还有一个故事，讲一个国王完全不会写诗，但是偏要写诗，大臣们都很恭维他。有一天他给阿凡提看他写的诗。阿凡提说："陛下，即使您不会写诗，人们也不会因此小看您。您还是当好您的国王吧。"国王大怒，把阿凡提关进牛棚。他花了整整一个星期重新写了一首诗，又传阿凡提进宫，问："阿凡提，这一首怎么样？"国王等待阿凡提的夸奖，但是阿凡提没有回答，径直向牛棚走去。

［解析］同样的"如何"两个字，意思完全不同。同一个表达式可以表达不同的意思，同样一个命题可以用多个句子表达，所以有时候必须要进行斟酌、选择。比如"禁止践踏草地"就不如"小草睡着了，请不要打扰它"来得优美、亲切，这是逻辑和语法修辞的用处之一。

**【案例】**6. 这个小组的学生都是集邮爱好者。

如果上述命题为真，则下列哪项也一定是真的？

A. 这个小组的学生都不是集邮爱好者。

B. 这个小组中有的学生是集邮爱好者。

C. 这个小组中有的学生不是集邮爱好者。

D. 这个小组中有的学生是围棋爱好者 。

［**解析**］正确答案：B。由A判断真推出I判断真。

【**案例**】7. 这个商店有些商品不是国产的。

如果上述命题为假，则以下哪项一定为假？

A. 这个商店所有商品都是国产的。

B. 这个商店所有商品都不是国产的。

C. 这个商店有些商品是国产的。

D. 这个商店有些商品不是优质产品。

［**解析**］正确答案：B。题干是O判断，如果为假，则相对应的A判断为真。那么，与A判断为反对关系的B项为假。

【**案例**】8. 某律师事务所共有12名工作人员。

（1）有人会使用计算机。

（2）有人不会使用计算机。

（3）所长不会使用计算机。

上述三个判断中只有一个是真的。

以下哪项正确地描述了该律师事务所会使用计算机的人数？

A. 12人都会使用。

B. 12人中没有人会使用。

C. 仅有一人不会使用。

D. 仅有一人会使用。

［**解析**］正确答案：A。假设（3）"所长不会使用计算机"为真，那么（2）"有人不会使用计算机"就肯定为真，与题干假设"只有一个是真的"矛盾，因此，（3）肯定为假，即所长会使用计算机。由此可以推出（1）为真，即有人会使用计算机。因为只有一句是真的，所以（2）"有人不会使用计算机"为假，则可以推出"所有员工都会使用计算机"，即A项为真。

## 第二节　性质命题直接推理

### 一、对当关系推理

所谓对当关系推理，是根据性质命题之间的真假对当关系进行的从一个命题真假推出另一个命题真假的推理，可以运用对当关系图辅助进行。有以下一些正确的推理形式：

**1. 根据反对关系的推理。**

SAP→¬SEP

SEP→¬SAP

**2. 根据下反对关系的推理。**

¬SIP→SOP

¬SOP→SIP

**3. 根据矛盾关系的推理。**

SAP→¬SOP

SOP→¬SAP

SEP→¬SIP

SIP→¬SEP

**4. 根据差等关系的推理。**

SAP→SIP

¬SIP→¬SAP

SEP→SOP

¬SOP→¬SEP





**【案例】**1. 设“并非无商不奸”为真，则以下哪项一定为真？

A. 所有的商人都是奸商。

B. 所有的商人都不是奸商。

C. 并非有的商人不是奸商。

D. 有的商人不是奸商。

［**解析**］正确答案：D。“并非无商不奸”等于“并非所有商人都是奸商”。根据对当关系中的矛盾关系，可以得出“有的商人不是奸商”。

**【案例】**2. 在中唐公司的中层干部中，王宜获得了由董事会颁发的特别奖。

如果上述命题为真，则以下哪项不能确定真假？

Ⅰ. 中唐公司的中层干部都获得了特别奖。

Ⅱ. 中唐公司的中层干部都没有获得特别奖。

Ⅲ. 中唐公司的中层干部中，有人获得了特别奖。

Ⅳ. 中唐公司的中层干部中，有人没有获得特别奖。

A. 只有Ⅰ。

B. 只有Ⅲ和Ⅳ。

C. 只有Ⅱ和Ⅲ。

D. 只有Ⅰ和Ⅳ。

E. Ⅰ、Ⅲ、Ⅳ。

[**解析**] 正确答案：D。因为从王宜一个人获得了特别奖，推不出所有干部获得特别奖，单称真推不出全称真。从王宜获得特别奖，也推不出“有人没有获得特别奖”，因为也可能是所有人获得特别奖。

## 二、命题变形推理

命题变形推理是指改变性质命题的联项（肯定变否定，否定变肯定）或交换主谓项位置的推理，有换质法、换位法和戾换法三种。

**1. 换质法。**

换质法是改变一个性质命题的联项（肯定变否定，否定变肯定），把谓项变成它的负概念从而推出一个新的性质命题的推理。四种性质命题均可以换质。

（1）$SAP \rightarrow SE\neg P$

所有班委都是党员，所以，所有班委都不是非党员。

（2）$SEP \rightarrow SA\neg P$

所有的大学生不是中学生，所以，所有大学生是非中学生。

（3）$SIP \rightarrow SO\neg P$

有的研究生是国家工作人员，所以，有的研究生不是非国家工作人员。

（4）$SOP \rightarrow SI\neg P$

有的书籍不是文科书籍，所以，有的书籍是非文科书籍。

**2. 换位法。**

换位法是改变性质命题的主谓项的位置，得到一个新的性质命题的推理。换位法要遵守周延性规则：前提中不周延的项，结论中也不得周延。四种性质命题换位情况如下：

(1) SAP→PIS（限制换位）

所有大学生都是学生，所以，有的学生是大学生。

(2) SEP→PES

所有大学生都不是中学生，所以，所有中学生不是大学生。

(3) SIP→PIS

有的教师是律师，所以，有的律师是教师。

(4) SOP 不能换位，换位违反周延性规则。

有的人不是学生，所以有的学生不是人。





**【案例】**1.《伊索寓言》中有这样一段文字：有一只狗习惯于吃鸡蛋，久而久之，它认为“一切鸡蛋都是圆的”。有一次，它看见一个圆圆的海螺，以为是鸡蛋，于是张开大嘴，一口就把海螺吞下肚去，肚子疼得直打滚。

狗误吃海螺是依据下述哪项判断？

A. 所有圆的东西都是鸡蛋。

B. 有些圆的东西是鸡蛋。

C. 有些鸡蛋是圆的。

D. 所有鸡蛋都是圆的。

**[解析]** 正确答案：A。它构造的推理形式如下，形式正确，但前提虚假。

所有圆的东西都是鸡蛋，
海螺是圆的，
所以，海螺是鸡蛋。

**【案例】**2.“有些人不是坏人，因此，有些坏人不是人。”

下列哪个推理与上述推理结构相同？

A. 有些便宜货不是好货，因此，有些便宜货是好货。

B. 有些便宜货不是假货，所以，有些假货不是便宜货。

C. 所有商品都是有价值的，所以，有价值的都是商品。

D. 有些发明家是自学成才的，因此，有些自学成才的是发明家。

E. 没有宗教是科学，因此，没有科学是宗教。

**[解析]** 正确答案：B。这是对一个特称否定命题进行换位的推理，结果是错误的。比如从“有的人不是学生”推出“有的学生不是人”。

**【案例】** 3. 从"有投票人赞成所有候选人"不可推出：

A. 所有候选人都有投票人赞成。

B. 有投票人赞成有的候选人。

C. 所有投票人赞成所有候选人。

D. 并非所有投票人不赞成所有候选人。

［**解析**］正确答案：C。特称命题不能推出全称命题。

**3. 戾换法。**

多次换质换位推理。比如：从 SAP 能否推出 ¬PO¬S?

SAP→SE¬P→¬PES→¬PA¬S，推不出¬PO¬S。

从 SEP 可否推出¬PI¬S?

SEP→SA¬P→¬PIS→¬PO¬S，推不出¬PI¬S。





**【案例】** 1. 有这样一段相声。

甲：不会说话净得罪人。明明是好意呀，别人听了也不舒服。

乙：有这样的事?

甲：我大爷就因为不会说话老得罪人。有一次，我大爷请客，请了四位客人到饭馆吃饭。约好下午六点钟见，到了五点半来了三位，有一位没有来，这位还是主客。

乙：那就再等会儿，实在不来就吃吧!

甲：我大爷可是个守信用的人，一直等到六点半，那位还没有来。我大爷说了一句："真是的，该来的不来。"其中有一位嘀咕了："怎么，该来的不来? 那我是不该来的呀! 我走吧!"他下楼走了。

乙：得，气走了一位。

甲：我大爷在楼上左等右等，那位主客还是没有来。不但那位没有来，还走掉了一位。我大爷又说了："唉! 又走了一位，真是的，不该走的走了!"另外一位又嘀咕了："什么? 不该走的走了，没诚意请我呀! 我也走吧!"他也走了。

乙：有这么说话的吗? 又气走了一位。

甲：就剩下一位了! 这位跟我大爷是老交情，他对我大爷说："兄弟，你以后说话可要注意点，哪有这么说话的呀! '不该走的走啦'，那人家还不走? 以后可别这么说啦!"我大爷解释说："大哥，我没有说他俩呀!""哦! 说我呀，我也走吧!"这位说完也走了。

乙：全气走了。

［**解析**］用戾换法进行分析。

该来的不来→该来的是不来的→该来的不是来的→来的不是该来的→来的是不该来的

不该走的走了→不该走的是走了的→不该走的不是没有走的→没有走的不是不该走的→没有走的是该走的

最后一句话“我不是说他们两个”，只有三个人，“你”要么说他们两个，要么说“我”；“你”不是说他们两个，所以就是说“我”。

**【案例】**2. 美国前总统林肯说过：“最高明的骗子，可能在某个时刻欺骗所有的人，也可能在所有的时刻欺骗某些人，但不可能在所有的时刻欺骗所有的人。”

如果上述断言是真的，那么下述哪项断言必定是假的？

A. 林肯可能在某个时刻受骗。

B. 林肯可能在任何时候都不受骗。

C. 骗人的人也可能在某个时刻受骗。

D. 不存在某一时刻所有的人都必然不受骗。

E. 不存在某一时刻有人可能不受骗。

［**解析**］正确答案：E。“不可能在所有的时刻欺骗所有的人”，这里有两个全称量词，“所有”时刻和“所有”人。按照林肯的话，否定其中之一就可以了。只有E中“不存在某一时刻有人可能不受骗”等于说“在所有时刻所有的人都受骗”，没有实现否定其中之一。

## 第三节　三段论

### 一、三段论概述

**1. 什么是三段论？**

三段论是以两个有一个共同项的性质命题为前提，推出一个新的性质命题为结论的推理。比如：

> 所有人都是有死的，
> 苏格拉底是人，
> 所以，苏格拉底是有死的。

**2. 三段论结构分析。**

（1）两个部分：前提和结论。

（2）三个项：大、中、小项。

（3）两个前提：大前提、小前提。

比如：

> 所有犯罪行为都是违法行为，
> 某人的行为不是违法行为，
> 所以，某人的行为不是犯罪行为。

分析如下：

（1）两个部分："所以"后面的"某人的行为不是犯罪行为"是推理的结论，其余两个命题是前提。

（2）三个项：结论的主项"某人的行为"是小项，结论的谓项"犯罪行为"是大项，前提中出现两次而结论中不出现的"违法行为"是中项。

（3）两个前提：包含大项"犯罪行为"的前提是大前提，包含小项"某人的行为"的前提是小前提。

**3. 三段论的公理。**

三段论的公理或者依据，是事物之间的遍有遍无关系，即对一个事物的全部有所断定，则对其中的部分也有所断定。这种情况反映了概念间属种关系的性质。

## 二、三段论的规则

遵守三段论的规则是三段论推理正确的前提。三段论规则分为一般规则和特殊规则。一般规则适用于所有的三段论，每一个格的特殊规则适用于各自的格。

### （一）三段论的一般规则

一般规则里，又有基本规则与派生规则的区别。基本规则是不依赖于其他规则的规则，派生规则则是由基本规则派生出来的规则。

**1. 基本规则。**

（1）三段论不能超过三个项。

否则会犯"四概念""四名词"的错误。比如：

> 中国人是勤劳勇敢的，我是中国人，所以，我是勤劳勇敢的。

"中国人"两次出现，含义不同，不能起到连接大、小项的作用。

**【案例】** 1. 欧布里德凭着他能说会道，在大公那里当上了谋士。有一天，他对他的同事说："你没有失掉的东西，你就还有这种东西，对吗?"他的同事不假思索地说："那当然对呀。"他接着说："好极了。现在你没有失掉头上的角，那么你头上就有角了"。"你胡说!"同事急了，"我头上怎么会有角呢?"欧布里德得意地说道："我是从你赞成的前提中得出来的。哈哈哈!""你在侮辱我!"同事生气了。于是两人争吵起来，一直吵到大公那里。大公问明情况以后，明白了其中的原委。大公想了想，对欧布里德说："在我的城堡里，你没有失掉坐牢的权利，所以，你就有坐牢的权利。现在让你享受一下坐牢的权利吧!"说完，就命人将欧布里德关了起来，欧布里德无话可说，坐了三天三夜的牢。

[**解析**] 这个三段论犯了"四概念"的逻辑错误，两个"你没有失去的东西"所指不同。前面的"你没有失去的东西，你就还有这种东西"是说你本来就有的东西，你没有失去，当然还有；而后面说的"你没有失去头上的角"，是说你本来就没有的东西，你没有失去，但仍然没有。

**【案例】** 2. 这所大学的学生学习了很多课程，小马是这所大学的一名学生，所以他学习了很多课程。

以下哪项所展示的推理错误与上述论证中的最相似?

A. 这所学校里的学生都学习数学这门课程，小马是这所学校的学生，所以他学习数学这门课程。

B. 这个法律期刊的编辑们写了许多法律方面的文章，老李是其中的一名编辑，所以他写过许多法律方面的文章。

C. 这所大学的大多数学生学习成绩很好，小曾是这所大学的学生，所以他学习成绩很好。

D. 所有的旧汽车都需要经常换零件，这部汽车是新的，所以它不需要经常换零件。

E. 独立的大脑细胞是不能够进行思考的，所以整个大脑也不能够进行思考。

[**解析**] 正确答案：B。题干中的推理表面上是一个三段论推理，但犯了"四概念"的逻辑错误。大前提中的"学生"和小前提中的"学生"不是同一个概念。选项B也是一样，大前提中的"编辑"和小前提中的"编辑"也不是同一个概念，也是犯了"四概念"的逻辑错误。

(2) 中项在两个前提中至少周延一次。

如果中项在两个前提中都不周延，中项在大、小前提中分别与大、小项的一部分联系，就起不到连接大、小项的作用，就会犯“中项不周延”的逻辑错误。比如：

湖南人喜欢吃辣椒，你喜欢吃辣椒，所以，你是湖南人。

鹅吃白菜，你也吃白菜，所以，你是鹅。

**【案例】**韩国人爱吃泡菜，翠花爱吃泡菜，所以翠花是韩国人。

以下哪个选项能最明确地显示上述推理的荒谬？

A. 所有的克里特岛人都说谎，约翰是克里特岛人，所以，约翰说谎。

B. 会走路的动物都有腿，桌子有腿，所以，桌子是会走路的动物。

C. 西村爱翠花，翠花爱吃酸菜，所以，西村爱吃酸菜。

D. 所有金子都闪光，所以，有些闪光的东西是金子。

**[解析]** 正确答案：B。犯了“中项不周延”的逻辑错误。

（3）前提中不周延的项，在结论中也不得周延。

否则就会犯“小项不当周延”或“大项不当周延”的逻辑错误。

前提中不周延，结论中周延，扩大了断定的范围，就会犯“大项扩大”和“小项扩大”的逻辑错误。比如：

语言是没有阶级性的，
语言是社会现象，
所以，社会现象是没有阶级性的。

凡共青团员都是青年，
张三不是共青团员，
所以，张三不是青年。

前者犯了“小项扩大”的逻辑错误，后者犯了“大项扩大”的逻辑错误。

**【案例】**姜昆是相声演员，姜昆是曲艺演员，所以相声演员都是曲艺演员。

以下哪项推理能明显说明上述论证不成立？

A. 人都有思想，狗不是人，所以狗没有思想。

B. 商品都有价值，商品都是劳动产品，所以劳动产品都有价值。

C. 所有技术骨干都刻苦学习，小张不是技术骨干，所以小张不是刻苦学习的人。

D. 犯罪行为都是违法行为，犯罪行为都应受到社会的谴责，所以违法行为都应受到社会的谴责。

E. 黄金是金属，黄金是货币，所以金属都是货币。

[**解析**] 正确答案：E。只有E项与题干完全一致，明显前提真而结论假，犯了“小项扩大”的逻辑错误。

（4）两个否定前提，不能得出确定的结论。

如果两个前提都是否定的，则意味着中项和大、小项都是否定的、分离的，中项起不到联结大、小项的作用，就会犯“两个否定前提”的逻辑错误。比如：

马克思主义者不是唯心主义者，
费尔巴哈不是马克思主义者，
所以，费尔巴哈是唯心主义者。





（5）前提中有一否定，结论必否定，反之亦然。

前面的规则讲到两个否定前提不能得出确定的结论。要得出确定的结论，必然有一个肯定前提。这就意味着中项与大、小项中的一个相排斥，与另一个相联结。所以结论中大项和小项必然是相排斥的，即结论为否定命题。比如：

犯罪行为都是违法行为，
某人的行为不是违法行为，
所以，某人的行为不是犯罪行为。

**2. 派生规则（导出规则）。**

（1）两个特称前提不必然得出确定的结论。

否则犯“两个特称前提”的逻辑错误。

运用完全归纳法证明如下：

两个特称前提的情况只有四种组合：II，OO，IO，OI。

II因为两个命题的主谓项都不周延，违反一般规则；OO是两个否定前提不能得出结论；IO、OI中只有一个项是周延的，即否定命题的谓项。但因为结论是否定命题，大项周延，所以不能同时满足大项和中项周延的要求。

（2）前提中有一特称，结论必特称，即结论从弱。

由于两个特称前提不能得出确定的结论，要得出确定的结论必须有一个全称前提。这样，共有四种组合：AI，AO，EI，EO。EO是两个否定前提，不能得出结论。比如AO，结论为否定命题，大项周延。所以前提中周延的两个项必是中项和大项，小项不周延，故结论是特称命题。

### （二）三段论的格和式

**1. 三段论的格。**

（1）什么是三段论的格？

三段论的格是三段论中的各个项在前提中所处的位置不同形成的不同的三段论形式。

三段论共有四个格：

| | | | |
|---|---|---|---|
| M——P | P——M | M——P | P——M |
| S——M | S——M | M——S | M——S |
| S——P | S——P | S——P | S——P |

**【案例】**美国前总统卡特在竞选总统时，一位爱找碴的女记者采访了他的母亲。女记者说："你儿子说，如果他说谎，大家就不要投他的票。你敢说卡特从来就没有说过谎话吗？"卡特的母亲说："也许我的儿子说过一些谎话，但都是善意的。"女记者说："请问何谓善意的谎话？你儿子说过什么样的善意的谎话？""我儿子说过什么善意的谎话？我老了，不记得了。不过，我曾经说过善意的谎话。"卡特的母亲说。女记者一听十分高兴，以为有机可乘："你说给我听听。"卡特的母亲说："你记不记得，几分钟前，当你跨进我家门的时候，我对你说'你非常漂亮，见到你十分高兴'，这难道不是善意的谎话？""你是在讽刺我！谎话就是谎话，哪还有什么善意的谎话？"女记者说。"你这就不对了，难道你愿意听我说你丑，说不愿意见到你？"卡特的母亲说。"这……"女记者说不出话来。卡特的母亲说："所以，有的谎话是善意的谎话，因为我对你说的这句话就是谎话，但是善意的谎话。"

［**解析**］卡特母亲的最后一句话是一个三段论推理：

这句话是善意的，
这句话是谎话，
所以，有的谎话是善意的。

这是一个第三格的三段论，前提中主项相同。

（2）三段论各格的特殊规则。

第 1 格：1）小前提肯定；2）大前提全称。

第 2 格：1）两前提有一否定；2）大前提全称。

第 3 格：1）小前提肯定；2）结论特称。

第 4 格：1）任何一个前提都不能是特称否定；2）结论不能是全称肯定；

3）若有一否定前提，则大前提全称；4）如大前提肯定，则小前提全称；5）如小前提肯定，则结论特称。

试证明第 1 格两条规则：小前提肯定、大前提全称。

运用反证法证明如下：

假设小前提否定，则结论否定。结论否定则大项周延，大项在前提中也应当周延。大项在前提中是谓项，所以大前提必须是否定命题，这样就形成了两个否定命题。所以，假设不成立，小前提必须是肯定命题。小前提肯定，谓项不周延，谓项是中项，所以中项在大前提中必须周延。而中项在大前提中是主项，所以必然是全称命题。

**2. 三段论的式。**

由不同的性质命题 A、E、I、O 作为三段论的前提和结论所决定的三段论的形式。比如：



> 犯罪行为都是违法行为，
> 某人的行为不是违法行为，
> 所以，某人的行为不是犯罪行为。

以上三段论即为 AEE 式。小前提和结论都是单称否定命题，相当于全称否定命题。

三段论的大、小前提和结论都可能是 A、E、I、O 四种性质命题中的一种，四个格的式也不相同，所以三段论的式有 256 个。

三段论的式中多数是无效式，因为违反了三段论的规则。比如 EEE、OOO、EOO 式是两个否定命题做前提，而 III、IOO 式是两个特称前提，都违反了规则，是无效式。根据三段论的一般规则，除去不正确的式，剩下 11 个式是正确的，包括 AAA、AAI、AEE、AEO、AII、AOO、EAE、EAO、EIO、IAI、OAO。再把 11 个式分配在 4 个格中，根据特殊规则，有效式有 24 个，其中有弱式 5 个，即本来可以推出全称结论，却推出特称结论的式。

| 第一格 | 第二格 | 第三格 | 第四格 |
|---|---|---|---|
| AAA | AEE | AAI | AAI |
| AII | EAE | AII | AEE |
| EAE | EIO | EAO | EAO |
| EIO | AOO | EIO | EIO |
| [AAI] | [AEO] | IAI | IAI |
| [EAO] | [EAO] | OAO | [AEO] |

## 三、三段论的省略形式

我们上面讨论的都是完整的三段论形式，在日常交际和写作中，三段论推理经常以省略的形式出现。省略的三段论，可以省略大前提、小前提和结论。

**1. 几种省略形式。**

（1）省略大前提。比如：

你是党员，应当起模范带头作用。

补充隐含前提：所有党员都要起模范带头作用。

**【案例】**圈养动物是比野生动物更有意思的研究对象。因此，研究人员从研究圈养动物中能够比从野生动物中学到更多的东西。

上面的论证依赖于下面的哪一个假设？

A. 研究人员研究他们感兴趣的对象。

B. 一般而言，能够从研究对象那里学到的东西越多，从事该研究就越有意思。

C. 一般而言，研究对象越有意思，从研究对象那里学到的东西就越多。

D. 研究人员从他们不感兴趣的研究对象那里学到的东西较少。

E. 一般而言，研究人员通常偏向于研究有意思的对象，而不是无趣的对象。

［**解析**］正确答案：C。以C项为另一个前提，才能合理推出“研究人员从研究圈养动物中能够比从野生动物中学到更多的东西”这一结论。

（2）省略小前提。比如：

每个学生都是要排队的，你也不例外。

（3）省略结论。比如：

我们的事业是正义的，正义的事业是任何敌人也攻不破的。

**2. 省略前提和结论的补充步骤。**

（1）分析推理省略的是前提还是结论，结合推理联结词、语境。

（2）结论和前提的补充。如果省略了一个前提，根据现有前提和结论来确定省略的是大前提还是小前提。把中项和大项或小项结合起来构成要补充的前提，注意项的位置。如果是省略了结论，看说话者的说话意图和现有的前提，确定结论。注意大、小项的联结方式。

（3）构成完整的三段论，用规则或文恩图进行检验。

**【案例】** 1. 补全以下省略的三段论：我们的事业是正义的，正义的事业是任何敌人也攻不破的。

**［解析］** 根据语境来看，是省略了结论，是要读者自己得出进一步的结论。

两个前提中都出现的“正义的（事业）”是中项。结论要把小项和大项结合起来，构成一个肯定命题。“我们的事业”和“任何敌人也攻不破的”结合起来，构成“我们的事业是任何敌人也攻不破的”。

**【案例】** 2. 补全以下省略的三段论：每个学生都要排队，你也不例外。

**［解析］** 完整的说法是：每个学生都要排队，你也要排队。

结论是“你也要排队”，“要排队”是大项，省略的是小前提。把小项“你”和中项“学生”结合起来，构成小前提“你是学生”。



**【案例】** 3. 三国时的大将军钟会去看望当时的名士嵇康，嵇康和向秀正在柳树下锻炼。嵇康对钟会的拜访并不理会，继续锻炼。钟会觉得没趣，于是悻悻地决定离开，嵇康在这个时候说话了，他问钟会：“何所闻而来，何所见而去?”钟会回答：“闻所闻而来，见所见而去。”

**［解析］** 这里包含了预设。嵇康的问话里预设了钟会是有所闻而来的，也是有所见而去的。钟会回答不出或者不想回答嵇康的问题，于是就说出了这个巧妙的回答。这个答话只是重述了嵇康问话的预设而没有其他的内容。

**【案例】** 4. 1982 年春天，在美国洛杉矶举办了一场中美作家会议。在一次宴会上，美国诗人艾伦·金斯伯格请我国作家蒋子龙解个怪谜：“把一只 5 千克的鸡装进一个只能装 1 千克水的瓶子里，你用什么方法把它拿出来?”蒋子龙略加思索便回答说：“您怎么放进去的，我就怎么拿出来。您显然只凭嘴一说，就把鸡装进瓶子里了。那么我就用语言这个工具，再把鸡拿出来。”金斯伯格说：“您是第一个猜中谜底的人。”

**［解析］** 这里也包含了预设。金斯伯格的问题里有一个假设：有一个方法，能把这只 5 千克重的鸡装进一个只能装 1 千克水的瓶子里。蒋子龙没有点破，而是承认这个预设，并且指出按照对方的虚假预设就可以把鸡拿出来。

**【案例】** 5. 补全以下省略的三段论：我又不当翻译，为什么要努力学好外语?

**［解析］** 整理为标准形式：我不当翻译，所以，我是不用努力学好外

语的。

结论显然是：我是不用努力学好外语的。前提“我不当翻译”中有小项“我”，所以它是小前提。省略了大前提，要把中项“当翻译”和大项“努力学好外语”结合起来，构成肯定的大前提。具体可以构成两个前提：“当翻译是要努力学好外语的”和“努力学好外语的是要当翻译的”。

然后构成两个三段论：

（1）当翻译是要努力学好外语的，
我不当翻译，
所以，我是不用努力学好外语的。

这个推理犯了“大项扩大”的逻辑错误。

（2）努力学好外语都是为了当翻译，
我不当翻译，
所以，我不用努力学好外语。

这里推理形式正确，但大前提是不真实的。





# 第四节　关系命题及其推理

## 一、关系命题概述

### （一）什么是关系命题

**1. 关系命题是表示事物之间具有或不具有某种关系的命题。**

所有班上的同学都同意部分班委留任。
李白和杜甫是老乡。
南京在北京和广州之间。

**2. 结构分析。**

所有班上的同学同意部分班委留任。

关系项：“班上的同学”和“班委”
关系联项：“同意……留任”
关系量项：“所有”“部分”

**3. 关系的形式表示法。**

可以用 aRb 来表示，也可以用 R（a，b，c）来表示。这时（a，b）称为有序对，a、b 的顺序是很重要的。

### （二）关系命题的种类

这里我们只讨论两类常见的关系：对称关系和传递关系。

**1. 对称性。**

对称性是指两个对象之间一个对象对另一个对象具有某种关系时，另一个对象反过来是否也具有这种关系。在对称性上，存在三种关系：对称、反对称和非对称。

（1）对称关系。

如果 a 对 b 有 R 关系，则 b 对 a 也有 R 关系，则 a 与 b 为对称关系。表示对称关系的词：同乡、同学、同事、等于、平行等。比如：



张三与王五是同学，所以，王五与张三是同学。



（2）反对称关系。

如果 aRb 成立，则 bRa 必定不成立，则 a 与 b 之间为反对称关系。表示反对称关系的词：大于、高于、在……以南等。比如：

小李高于大李，所以，大李不高于小李。

（3）非对称关系。

如果 aRb 成立，则 bRa 可能成立也可能不成立，则 a 与 b 之间为非对称关系。表示非对称关系的词：认识、敬佩、爱、喜欢、帮助等。比如：

张晓兵认识吴校长，所以，吴校长认识或者不认识张晓兵。
小张非常喜欢小李，所以，小李喜欢或者不喜欢小张。

**2. 传递性。**

传递性是讨论在三个对象之间，当第一个对象与第二个对象具有某种关系，第二个对象与第三个对象也具有这种关系，那么，第一个对象与第三个对象是否也具有这种关系。在传递性问题上，有三种情况：传递、反传递和非传递。

（1）传递关系。

当 aRb、bRc 时，aRc 一定成立，则 R 为传递关系。

表示传递关系的词：大于、高于、平行、蕴含等。比如：

A 平行于 B，B 平行于 C，所以，A 平行于 C。

（2）反传递关系。

当 aRb，bRc 时，aRc 一定不成立，则 R 为反传递关系。

表示反对称关系的词：大……岁、父子关系等。比如：

老张和大张是父子关系，大张和小张是父子关系，所以，老张和小张不是父子关系。

（3）非传递关系。

当 aRb、bRc 时，aRc 或者成立或者不成立，则 R 为非传递关系。

表示非传递关系的词：同学、认识、喜欢等。比如：

甲和乙是同学，乙和丙是同学，甲和丙可能是同学，也可能不是同学。

**【案例】** 1. 指出以下论证的谬误所在：

骄傲自满不算什么缺点。因为骄兵必败，而失败是成功之母。所以，骄傲最终会使我走向成功。

**[解析]** 失败导致成功，不是必然的，所以骄傲、失败、成功之间不具有传递关系。

**【案例】** 2. 指出以下论证的谬误所在：

意大利甲级联赛中，罗马队 3∶0 大胜佛罗伦萨队，佛罗伦萨队 1∶0 战胜了 AC 米兰队。白小松认为，明天的比赛中，罗马队一定会战胜 AC 米兰队。

**[解析]** 输赢不具有传递性，只能说可能性较大。

## 二、关系命题推理

关系命题推理是推理前提中有关系命题并且按照关系的特点进行的推理。

**1. 纯关系推理。**

纯关系推理是前提和结论都是关系命题的推理。总共有四种纯关系推理。

（1）对称关系推理。

张三与王五是同学，所以，王五与张三是同学。

形式为：aRb，所以，bRa。

（2）反对称关系推理。

小李高于大李，所以，大李不高于小李。

形式为：aRb，所以，b¬Ra。

（3）传递关系推理。

A平行于B，B平行于C，所以，A平行于C。

形式为：aRb，bRc，所以，aRc。

（4）反传递关系推理。

老张和大张是父子关系，大张和小张是父子关系，所以，老张和小张不是父子关系。

形式为：aRb，bRc，所以，a¬Rc。

**2. 混合关系推理。**

混合关系推理是前提中既有关系命题也有性质命题的推理。比如：

所有班上的同学都喜爱中哲史老师，
李明是班上的同学，
所以，他喜爱中哲史老师。

混合关系推理要遵循下列规则：第一，媒介概念至少周延一次；第二，周延性不能扩大；第三，性质命题应是肯定的；第四，结论中的关系是否定的，当且仅当前提中的关系是否定的；第五，关系的性质不是对称的，则关系项的顺序不能改变。

**【案例】**1. 北宋的时候，皇帝的两个亲戚瓜分财产时发生了争执，闹得满城风雨。他们不断向皇帝告状，请求皇帝明断。俗话说，清官难断家务事。皇帝对此也大伤脑筋，于是就把这件事情交给大臣张齐贤处理。张齐贤把皇帝的两个亲戚都叫来，先问甲："你认为乙的财产分得多，自己的财产分得少，对不对？"甲回答说："对。"然后同样问了乙，乙也如此回答。张让手下把他们的话都记下来，并请他们签上名字。最后说："既然你们都说对方的财产分得多，自己分得少，那么现在就把你们两个的财产交换一下，应该没有意见吧？"于是就把甲带到乙家，把乙带到甲家。双方也没有什么话可说了。一桩纠缠不清的案件就这样处理了。

［**解析**］这里也涉及对称关系。两个亲戚分财产，都说对方分得多，自己分得少。现在转换一下，变成自己多对方少了，所以双方都没有话说了。

**【案例】**2. 明代学者冯梦龙所做的笔记《古今谈概》中有一则题为《王元泽》的故事。北宋王安石的小儿子王元泽小时候就非常聪明，有一天客人给王安石送来了一只獐和一只鹿，王元泽非常喜欢。有位客人问王元泽，哪一只是獐，哪一只是鹿。獐和鹿很像，只是獐没有角，而鹿有角。王元泽看了看獐，又看了看鹿，犹豫不决。想了一会儿，他说："獐旁边的是鹿，鹿旁边的是獐。"这个出乎意料的回答，引得满屋子的人都赞叹不已。

［解析］王元泽的回答，涉及关系命题的运用，"在……旁边"是对称关系。

**【案例】**3. 唐代著名文学家王勃年少的时候就才华出众。有一次他路过南昌，正好碰上重阳节洪州阎都督在滕王阁大宴宾客。酒过三巡，阎都督请宾客作一篇《滕王阁序》，众宾客互相推让，王勃却不推让，低头沉思。都督心中不快，吩咐吏人，看他写些什么，随时报来。当报到："落霞与孤鹜齐飞，秋水共长天一色"两句时，阎都督拍案叫绝，连声说道："好啊，写得真好。"阎都督陶醉在王勃描绘的意境中，高兴地说："晚霞飘浮，孤鹜展翅，仿佛一起在天空中飞行，难以分辨；清澈的秋水，与蓝天相接，也看不出哪儿是水，哪儿是天。真是写景的妙句呀！"王勃一气呵成，满座的人无不惊奇赞叹，都督忙请王勃上座。王勃的《滕王阁序》成为名篇，"落霞与孤鹜齐飞，秋水共长天一色"成为千古绝句。

［解析］这一句妙就妙在"落霞"与"孤鹜"、"秋水"与"长天"的对称关系，创设了迷人的意境。

**【案例】**4. 一天，国王梦见有一个人把他的牙齿全拔光了，第二天上朝问手下大臣谁可以解梦。丞相上前解释道："陛下全家都比陛下先死。""混账，你敢诅咒我！"国王大怒，下令要杀掉丞相。阿凡提赶忙进宫，解释说："陛下将比你所有的家属长寿。""解得好！"国王立即赐给阿凡提一件锦袍。

［解析］两句话都是关系命题，实际上表达的是一样的意思，不过说法不同，效果大异。

## 一、思考题

1. 什么是命题？命题的逻辑特征是什么？命题有哪些种类？

2. 什么是性质命题？性质命题有哪些种类？什么是性质命题之间的对当关系？

3. 什么是性质命题的直接推理？它有哪些种类？

4. 什么是三段论？三段论有哪些规则？

5. 什么是省略三段论？如何补全省略三段论？

6. 什么是关系判断？关系判断有哪些主要的推理形式？

## 二、练习题

1. 指出下列性质判断的种类及其主谓项周延性。

（1）《狂人日记》是鲁迅的作品。

（2）事物不是静止不动的。

（3）有的同学没有拿到毕业证。

2. 已知下列命题为真，请指出主谓项相同的其他三个性质命题的真假。

（1）有些图书是英文的。

（2）一切知识都不是先天获得的。

（3）所有大学生都是学生。

3. 将下列命题进行换质位和换位质推理。

（1）所有表格都是正确的。

（2）有的战争不是正义战争。

4. 分析下列三段论推理是否正确，为什么？

（1）所有金属都是导电体，这个是导电体，所以，它是金属。

（2）所有中国人都是不畏艰险的，我是中国人，所以我是不畏艰险的。

5. 补足三段论并指出其正确与否。

（1）我不用学好外语，我又不当翻译。

（2）我们的事业是正义的，正义的事业是任何敌人也攻不破的。

6. 指出下列命题的关系及其逻辑性质。

（1）我们都喜欢那位著名的科学家。

（2）小杨和小李是同乡，小李和大杨是同乡，所以，小杨和大杨是同乡。

7. 辨析题。

（1）张经理在公司大会上宣布："此次提出的方案得到一致赞同，全体通过。"会后，小陈对此事进行了调查，发现张经理所言不是事实。

如果小陈的发现为真，下面哪项也必然是事实？

A. 有少数人未发表意见。

B. 有些人赞同，有些人反对。

C. 至少有人不赞同。

D. 至少有人赞同。

E. 大家都不赞同。

（2）并非所有犯罪分子都是青年人。

下列哪项与上述命题等值？

A. 所有犯罪分子都不是青年人。

B. 犯罪分子中有青年人。

C. 有的犯罪分子不是青年人。

D. 没有一个犯罪分子不是青年人。

(3) 大会主席宣布："此方案没有异议，大家都赞同，通过。"

如果以上不是事实，下面哪项必为事实？

A. 大家都不赞同方案。

B. 有少数人不赞同方案。

C. 有些人赞同，有些人反对。

D. 至少有人是反对的。

(4) 科学不是宗教，宗教都主张信仰，所以主张信仰都不是科学。

以下哪项最能说明上述推理不成立？

A. 所有渴望成功的人都必须努力工作，我不渴望成功，所以我不必努力工作。

B. 商品都有使用价值，空气当然有使用价值，所以当然是商品。

C. 不刻苦学习的人都成不了技术骨干，小张是刻苦学习的人，所以小张能成为技术骨干。

D. 台湾人不是北京人，北京人都说北京话，所以，说北京话的人都不是台湾人。

(5) 金属都是导电的，铜是导电的，所以，铜是金属。

下面哪项与上述推理结构最相似？

A. 所有的鸟都是卵生动物，蝙蝠不是卵生动物，所以，蝙蝠不是鸟。

B. 所有的鸟都是卵生动物，天鹅是鸟，所以，天鹅是卵生动物。

C. 所有从事工商管理工作的都要学习企业管理，老陈是学习企业管理的，所以，老陈是从事工商管理工作的。

D. 只有精通市场营销理论，才是一个合格的市场营销经理，老张精通市场营销理论，所以，老张一定是合格的市场营销经理。

(6) 甲、乙、丙和丁四人进入某围棋邀请赛半决赛，最后要决出一名冠军。张、王、李三人对结果做了如下预测：

张：冠军不是丙。

王：冠军是乙。

李：冠军是甲。

已知张、王、李三人中恰有一人的预测正确。以下哪项为真？

A. 冠军是甲。　　　　　　　　B. 冠军是乙。

C. 冠军是丙。　　　　　　　D. 冠军是丁。

E. 无法确定冠军是谁。

（7）某些经济学家是大学数学系的毕业生。因此，某些大学数学系的毕业生是对企业经营很有研究的人。

下列哪项为真，能够保证上述论断的正确性？

A. 某些经济学家专攻经济学的某一领域，对企业经营没有太多的研究。

B. 某些对企业经营很有研究的经济学家不是大学数学系毕业的。

C. 所有对企业经营很有研究的人都是经济学家。

D. 所有的经济学家都是对企业经营很有研究的人。

（8）大山中学所有骑自行车上学的学生都回家吃午饭，因此，有些家在郊区的学生不骑自行车上学。

为使上述论证成立，以下哪项关于大山中学的断定是必须假设的？

A. 骑自行车上学的学生家都不在郊区。

B. 回家吃午饭的学生都骑自行车上学。

C. 家在郊区的学生都不回家吃午饭。

D. 某些家在郊区的学生不回家吃午饭。

# 第四章　复合命题推理

## 第一节　复合命题推理概述

### 一、什么是复合命题推理

复合命题推理或命题逻辑是以命题为基本单元，根据命题联结词的逻辑性质所进行的推理。比如：

如果天下雨，那么地会湿。
天下雨了，
所以，地湿了。

### 二、命题和语句的关系

命题不同于语句。在命题逻辑中，我们经常会遇到同一个语句用来表达不同意思、不同命题的情况。比如“他在火车上画画”，可以表示他坐在火车上画画，也可以表示他在火车皮上画画。当然，也可以看到同一个意思由不同的命题来表达的情况。

**【案例】**1. 清代京城附近有一个算命先生，他算命挺准的。一天有一个姓张的人来给父亲和母亲算命，算谁先死谁后死。算命先生只说了一句话：“父在母先亡。”姓张的说：“你算错了吧。我是母亲还在，父亲先去世了。”算命先生说：“我是说，父亲在母亲的前面去世了。”其实，这句话可以做多种解释。如果母亲先去世了，也可以解释为：父亲还在，母亲先死了。

［**解析**］这里，“父在母先亡”可以做两种解释。

**【案例】**2. 有一年，三个山东小伙子进京赶考。三个人路过一个寺庙，请了一个和尚算命，看能不能算出谁能考上谁考不上。和尚正襟危坐，双眼微闭，扳起手指头算了一会儿，然后向三个人伸出一个手指。“这是什么意思?”三个小伙子不解。和尚说：“你们自己去思量吧，考试过后就知道答案了。”等三个考生走后，小徒弟过来问：“师傅，您这是什么意思?”师傅说：“如果都考上，就是一起中；如果两个人考上，那就是有一个不中；如果两个人没有考上，那就是中一个。”

[**解析**] 一个手势可以做多种理解。

**【案例】** 3. 有一位打扮得流里流气、怪里怪气的小伙子，自以为很帅，他问一位姑娘：“我这身打扮怎么样? 你喜欢吗?”姑娘看了他一眼，十分反感，说：“看到你这副模样，使我想起了大海。”小伙子一听，高兴极了，连忙献殷勤：“你真有眼力……”这时姑娘打断了他的话，说：“不，你错了，我晕船，一想到大海我就想吐。”小伙子一下子傻了眼，半天没有说出话来。



一个太太走进百货商店，对营业员说：“小姐，我刚才在这里买化妆品，你在算账时算错了 10 元钱。”“那你当时为什么没有发现呢?”营业员一下子沉下脸来。“当时我没有注意，回家后才发现的。”太太解释道。“现在你来找我，晚了。”营业员微带愠怒地说：“算你倒霉!”“那好，”太太平静地说，“那我就只好收下这 10 元钱了。”

[**解析**] 一个语句可以做多种理解。

**【案例】** 4. 一个关于算命先生的故事：某地久旱不雨。一农人去问算命先生：“到底何时才会有雨?”算命先生递给他一折叠纸条，曰：“此乃天机，不可泄露。至下雨天才能拿出来看，否则泄了天机要遭雷打。”三天后终于下起雨来，农人记起算命先生的话，取出纸条一看，上面写道：“今日有雨。”农人大惊，曰：“真神人也!”

[**解析**] 一句话可以做多种理解。

这一章主要介绍几种主要的复合命题形式及其推理，即联言命题、选言命题、假言命题和负命题，以及由它们构成的推理。

## 第二节　联言命题及其推理

### 一、什么是联言命题

联言命题是断定几种情况同时存在的命题。比如：

鲁迅既是文学家又是革命家。

老师生病了，但还是来上课了。

他不仅是党员，而且是优秀党员。

日常语言中表示联言命题的逻辑联结词很多，包括表示并列关系、递进关系、转折关系等的词。有时候没有联结词，只要是断定两种及以上的情况同时存在的，都是联言命题。

现代逻辑中常用符号“∧”表示联言命题的逻辑联结词，由它联结的支命题称为联言支。联言支之间没有顺序关系，是平等的。比如：

小张和小王结婚了并且有了小孩。

小张和小王有了小孩并且结婚了。

这两句话在汉语里有区别，但是逻辑里只考虑真假关系，所以两句并无区别，都可以符号化为“p∧q”。符号“∧”读作“合取”。





## 二、联言命题的逻辑特征

由于联言命题是断定几种情况同时存在的命题，所以，一个联言命题为真，当且仅当所有的支命题为真；只要其中有一个支命题假，整个联言命题就是假的。

| p | q | p∧q |
|---|---|---|
| T | T | T |
| T | F | F |
| F | T | F |
| F | F | F |

## 三、联言推理

联言推理是前提或结论为联言命题，并根据联言命题的性质进行的推理。联言命题有两种有效的推理形式。

1. 分解式：p∧q，∴p

　　　　　p∧q，∴q

2. 组合式：p，q，∴p∧q

在数理逻辑中，联言命题和选言命题支命题之间的排列顺序不会影响命题的性质，都是一样的。但是在自然语言中，有时是有区别的。

**【案例】** 相传清朝曾国藩带兵镇压太平天国农民起义军时，屡屡打败仗，他不得不上奏朝廷禀告战况，表示自责之意。奏折中有这样一句话："臣屡战屡败。"曾国藩写好以后，让手下看看有无不妥之处。有一个幕僚看后说："这'屡战屡败'写得不妥。朝廷看后一定会发怒，认为你无能，说不定还会加罪于你呢。"曾国藩说："我不写战败的事，这是欺君之罪呀!"这个幕僚回答说："战败的事，当然不能隐瞒。"曾国藩问："那怎么办?"幕僚说："这个句子可以保留，但要略加改变，把'屡战屡败'改为'屡败屡战'即可。"曾国藩一听，连声叫道："妙！妙!"立即采纳了这个建议。

［**解析**］在日常汉语中，"屡败屡战"和"屡战屡败"是有意义上的区别的。



## 第三节　选言命题及其推理

### 一、什么是选言命题

选言命题是断定几种可选情况中至少有一种情况存在的命题。比如：

一个案件错误，或者是认定事实有误，或者是适用法律不当。
这盘围棋，你或者胜，或者负。

### 二、选言命题的分类

选言命题根据选言支之间的关系是相容的还是不相容的，可以分为相容选言命题和不相容选言命题。

**1. 相容选言命题。**

（1）定义：相容选言命题是支命题之间可以相容的命题。比如：

一个案件错误，或者是认定事实有误，或者是适用法律不当。

对于一个错误的案件来说，认定事实有误和适用法律不当可以同时为真。相容选言命题的联结词，现代逻辑用一个符号"∨"来表示，读作"析取"。上述命题可以符号化为"$p \vee q$"。

（2）相容选言命题的逻辑性质。

一个相容选言命题的特点是，只有当所有支命题都是假的，它才是假的，其余情况（只要有一支命题是真的）都是真的。

| p | q | p∨q |
|---|---|---|
| T | T | T |
| T | F | T |
| F | T | T |
| F | F | F |

**2. 不相容选言命题。**

（1）定义：不相容选言命题是指支命题不能同时为真的命题。比如：

这盘围棋，你或者胜，或者负。

（2）不相容选言命题的逻辑性质。

不相容选言命题的逻辑特征是，一个不相容选言命题为真，当且仅当两个支命题不同真或者不同假。

| p | q | p∨q |
|---|---|---|
| T | T | F |
| T | F | T |
| F | T | T |
| F | F | F |

## 三、选言推理

**1. 相容选言推理。**

由于相容选言命题中，两个支命题可以同时为真，所以，不能从一个支命题真推出另一个支命题假，只能从一个支命题假推出另一个支命题真。根据定义，相容选言命题是断定其中一个支命题真，所以有否定肯定式。因此，相容选言推理只有一种正确的推理形式，即否定肯定式：p∨q，¬p，q；而没有肯定否定式：p∨q，p，¬q。

**2. 不相容选言推理。**

不相容选言推理是两个支命题不能同真也不能同假的推理，所以有两种正确形式：

（1）肯定否定式：p∨q，p，¬q

(2) 否定肯定式：$p \lor q$，$\neg p$，$q$

**【案例】** 1. 三个兄弟给父亲提了一个要求，想买一个足球来踢。他们的父亲也提出一个条件，就是做一个橱柜，每个人都有自己的锁和钥匙，不能打开其他人的锁。平时三兄弟上学的时候把足球锁在橱柜里，当三兄弟同时在家，一起把橱柜打开才能拿去踢。请问三把锁应该如何锁？

**[解析]** 正确答案：并列锁。即只有三个人都在的时候才能把锁打开。

**【案例】** 2. 过了一段时间，三兄弟又想养蚕。父亲又提出了同样的条件。平时三兄弟上学的时候把蚕锁在柜子里，三兄弟各有自己的锁和钥匙，打不开其他人的锁。当三兄弟中的一个人回家的时候就可以打开柜子，给蚕喂桑叶。请问这个时候又应该如何锁？

**[解析]** 正确答案：连环锁。三个人中只要有一个人在，就可以打开连环锁，给蚕喂桑叶。





**【案例】** 3. 齐国有个女子，长得非常漂亮。当她到了出嫁的年龄，同时有两家前来提亲。村东的一个小伙子长得十分英俊，但是家境贫寒、生活艰苦；村西的小伙子长得非常丑陋，但是家境殷实、广有钱财。女子的父母也是左右为难，拿不定主意，就来征求女儿的意见。一提婚事，女儿就羞得满脸通红，用被子蒙住头不说话。父母见状，就想出一个办法，说："如果你同意嫁给村东的小伙子，就把左手伸出来；如果同意嫁给村西的小伙子，就把右手伸出来。"这个女子考虑了半天，把两只手同时从被子里伸出来。"你这是什么意思？"父母疑惑不解。女子掀开被子，回答说："我想在西家吃饭，在东家住宿。""啊，这怎么可以呢？"父母说道。

**[解析]** 不相容选言命题的特征是不能同时为真。

**【案例】** 4. 河北沧州南部河边坐落着一座雄伟的庙宇。有一年，河水暴涨，大水把山门冲塌在河里，山门边的两个石狮也滚落在河中。十几年后，一个和尚募钱重修。他们雇了船，在石狮滚落的地方打捞石狮，竟然没有找到。石狮都到哪里去了呢？大伙猜想，石狮可能被河水冲到下游去了，于是顺流往下搜了十多里，也没有找到。石狮到底去哪里了呢？庙里住的一位教书老先生听到这件事后，笑着说："你们都不懂物理，石狮又不是木头，岂能被大水冲走？石头重，河沙轻，石狮落在上面，越埋越深，你们往下游去找，真是笨啊！"大家都认为他说得对，于是就在落水处深挖打捞。几天下来，还是不见石狮的身影。大家都感到奇怪：是不是有神仙把石狮搬走啦？众人百思不得其解。一个老河工知道了这事，对大家说："石狮落在河里，应该到上游去找。”众人笑了：“您老人家是不是开玩笑？这么重的石头怎么会跑到上游去呢？难道石狮会游泳？游到上游去啦？”老河工摸了摸胡子，笑了笑，继续说：“石狮肯定在上游。这是因为石狮重，沙子轻，水冲不动石头，但是冲在石头上的水，有一股冲力，会把前面的沙子冲开，越冲刷越深，最后使石头倒在被冲成的沙坑中。这样，水一再冲刷，于是石头一步步移动，往上游走去。所以，你们打捞的地方找错了。不信，你们可以到上游打捞看看！”众人将信将疑，按照老河工的话，驾船到上游去打捞，果然在上游找到了这对石狮。

[**解析**] 原来的打捞运用的逻辑推理有问题，遗漏了一个支命题，即石狮在上游，所以找不到石狮。

**【案例】**5. 古代有一农夫，扛着一根很长的竹竿进城去卖，城门较小，左比画右比画进不去，造成城门拥堵。一人将此事报告县官。县官答曰：此人甚笨，把竹竿砍成几截不就进去了吗？

[**解析**] 没有穷尽可能性，还可以顺着拿出去。

**【案例】**6. 爱丽丝：“我上次在这儿的时候，曾看见一只小猫，它现在怎么样了？”

玛丽：“难道你不知道吗？爱丽丝阿姨。”

爱丽丝：“小猫死了吗？”

玛丽：“不，没有。”

爱丽丝：“小猫跑了吗？”

玛丽：“哦！没有，爱丽丝阿姨。”

爱丽丝：“那么你把小猫给了你的朋友？”

玛丽：“不，没有。”

爱丽丝：“行了，我一点也不明白。玛丽，到底怎么啦？”

玛丽：“小猫已经长成大猫了，爱丽丝阿姨。”

[**解析**] 没有穷尽可能性。

**【案例】**7. 达尔文经过长时间的考察，在 1844 年就提出物种是不断进化的思想，并指出生物进化的原因是自然选择。达尔文的好朋友、地质学家赖尔曾多次劝他发表这些见解，但是治学严谨的达尔文认为自己的见解还不够完善，就没有听从赖尔的意见，而是继续考察研究。

1858 年，正当达尔文准备发表自己的论文时，突然收到华莱士从印度尼西亚的马鲁古群岛上寄来的论文，观点竟然和自己的进化论思想一模一样。

华莱士在信中请求达尔文对他的论文提出意见，并希望达尔文尽快推荐给当时的权威组织林耐学会发表。这封信像一个烫手山芋，拿不得也扔不得，使得达尔文十分为难：公布华莱士的论文吧，自己的研究成果就会得不到公认，几十年的辛勤劳动就要付之东流；公布自己的论文、不发表华莱士的论文吧，又压制他人成果，这是不道德的行为，良心要受到谴责。

几天后，赖尔、胡克等朋友来访，他们见达尔文精神恍惚，十分痛苦，便问他发生了什么事情。达尔文的心思再也隐藏不住了，就把事情的经过如实相告。“我早就劝你发表进化论的论文，你就是不听，现在遇到麻烦了吧！”赖尔说。“是啊，要么公布华莱士的论文，要么公布我的论文，二者必须选择一个。我应该怎么办呢？”达尔文请大家帮他拿个主意。“进化论是你先提出来的，你就应该当仁不让！”朋友们说。“不行不行！华莱士也是独立完成的，如果先发表我的论文，我的良心会不安的。”达尔文连连摇头。“你的人品太好了！”大家称赞达尔文。赖尔说：“这样的话，我倒有个主意，就是同时发表你和华莱士的论文。”“这行得通吗？”达尔文问。“这件事就交给我们办吧。”朋友们说。“那就麻烦你们了。”达尔文将信将疑。赖尔、胡克等人与林耐学会进行了商议，达成了一致意见：将达尔文和华莱士的论文同时公之于世。

事后，华莱士非常感动，提议将他们两人提出的进化论统称为“达尔文进化论”，并称赞达尔文是“阐述这个理论的最合适的人”。

[解析] 达尔文在这一问题上为难的原因在于他不懂得论文可以同时发表，没有划分不相容选言命题与相容选言命题的界限，把两个人的思想看成不相容的了。如果不是赖尔等人的帮忙，我们可能就不知道达尔文的名字了。

**【案例】** 8. 西方某国的海军上将在一艘巡洋舰上召集全舰官兵训话：“你们都是这舰上的一分子吗？”距离上将最近的一个水兵朝前跨了一步，高声答道：“是的。”“那么我要问你下一个问题。”将军指着舰上的一门炮说，“在战争中，炮手阵亡时候怎么办？”水兵环顾了一下左右，回答说：“什么也不做！”“我是问，如果炮手阵亡了，你该怎么办？”将军重复了一遍。“什么也不做！”水兵还是那句话。“什么也不做，难道你死了吗？”将军火了。“对，我已经阵亡了。”水兵说。“我们海军怎么会有你这种混账东西！”将军破口大骂。水兵说：“报告将军，我就是那个炮手。”“啊！”将军目瞪口呆，说不出话来。

[解析] 作为一个真的选言命题要穷尽所有可能性，而将军的话并没有穷尽所有可能性，即没有考虑到回答问题的士兵阵亡的情况。

**【案例】** 9.19世纪中叶，美国开展了一场关于奴隶制的大辩论。以法官道格拉斯为代表的一批人坚决拥护奴隶制，反对解放黑奴。道格拉斯叫嚷：“给黑人以平等的权利，这就意味着要和黑人一起生活、一起吃、一起睡，要和黑人结婚，否则就是不可理解的。”面对道格拉斯的胡说八道，1857年6月26日林肯在伊利诺伊州发表演说时，回应道：“我反对这种骗人的逻辑，说什么我不想要一个黑人女性做奴隶，就一定想要娶她做妻子。二者我都不要，我可以听凭她自便。在某些方面她当然与我们不同，但是就她吃以自己的双手挣来的面包，而不必征求任何人同意这个天赋权利来说，她和我是相同的，也是和其他所有人相同的。”

[**解析**] 道格拉斯的把戏是：不想要一个黑人女性做奴隶，就一定想要娶她做妻子。这个选言命题是十分荒谬的，是错误的，现实中其他选择很多。

**【案例】** 10. 陈胜、吴广在杀了一两个将尉之后，对所有的戍卒说：“现在由于遇到大雨，已经误了朝廷规定的到达期限。误了期，按照规定是要杀头的，我们去戍边也会死掉十之六七。大丈夫不死也就罢了，要死还不如干一番大事业。”于是，所有的士卒都愿意听从命令，起义反抗。这里包含了这样一个推理：

要么误期被杀头，要么去戍边死掉，要么干一番大事业；
我们不能被杀头，也不能去戍边死掉；
所以，我们要干一番大事业。

[**解析**] 这是不相容选言推理的否定肯定式。

**【案例】** 11.《三国志·魏书》记载，三国时期魏朝初年，陈留人高柔担任魏国的最高司法官廷尉。有一天，护军营军士窦礼离开军营后，就再也没有回来。军营认为他逃跑了，请求逮捕他，并把窦礼的妻子及子女都收入官府做奴婢。窦礼的妻子多次喊冤叫屈，但没有人理会她。窦妻就告到廷尉那里，高柔亲自审理了这一案件。高柔问窦妻：“你怎么知道你丈夫不是逃跑了呢?”窦妻流着眼泪回答：“我丈夫从小就是孤儿，后来奉养了一个老太太作为母亲，他对老人家非常孝顺；他平时又很疼爱自己的子女，抚养照顾，一刻也不离左右。他不是那种轻浮狡猾不顾家、随便就外逃的人啊。”高柔心想：窦礼失踪这么长时间，有两种可能，一是外逃，二是被谋杀了。从窦妻的话来看，好像不可能外逃。是不是被别人杀害了？被什么样的人杀害了呢？想到这里，高柔又问：“你丈夫是不是与别人有什么冤仇?”窦妻回答说：“我丈夫很善良，与别人没有冤仇。”高柔又问：“你丈夫是否与什么人有钱财来往?”“他曾借钱给同营的焦子文，后来去讨，焦不给。”窦妻答道。此时，焦子文正因犯小罪被关在监狱。高柔叫人把焦子文提了出来，先问他为什么被捕，然后又问他：“你是不是曾向人家借过钱?”高柔的眼睛紧紧盯着焦子文，他发现焦子文内心不安，就追问：“你过去曾借过窦礼的钱，怎么说从来没有向别人借过钱?”焦子文大吃一惊，心想这事怎么让他给知道了。心中一慌，回答得语无伦次。高柔见状，进一步追问：“你已经把窦礼给杀害了，早认罪对你是有好处的。”焦子文知道事情已经无法再隐瞒了，就磕头认罪，交代了杀害窦礼的经过和藏尸的地方。高柔立即派人前去发掘，果然发现了窦礼的尸体。至此，案情真相大白。后来魏主下诏恢复了窦礼妻子和子女的平民身份，并将此案通告各地，让人们从中吸取教训。

**[解析]** 这里运用了不相容选言推理的否定肯定式的逻辑推理。



第一个推理：

窦礼或者不顾家外逃，或者被人杀害；

他不会不顾家外逃，因为他孝敬老母，疼爱自己的子女，不是轻浮狡猾的人；

所以，窦礼被人杀害了。

第二个推理：

窦礼或者与别人有怨仇，或者与别人有钱财往来；

他与别人没有冤仇；

所以，窦礼与别人有钱财来往。

后来其妻子讲的“借钱给同营的焦子文，后来去讨，焦不给”为本案的进一步研究提供了重要线索。

**【案例】** 12.《韩非子》里有一个“郑人买履”的故事。从前，有个郑国人想买一双鞋子。一天，他仔细量了自己的鞋子长度，准备到市场上去买鞋。来到集市上，他进了一家鞋店，看见一双鞋子觉得很中意。可是，一摸口袋，坏了，那根量好尺码的绳子没有带来。他对店主说：“我忘记了带尺码来，请你等一会儿。”他说着边急匆匆地走了。他家离集市很远，等他拿了绳子返回集市，天已经快黑了。店主左等右等，不见他回来，就把门关了。郑国人来到鞋店，一面用力敲门，一面喊道：“快开门，我来买鞋了!”旁边的人以为出了什么事，都围上来。郑国人把事情的经过一五一十地告诉大家。他一说完，周围的人就批评他说：“你这个人怎么这么不开窍呢?你为自己买鞋，只要穿上试一试就行了，为什么还要取绳子呢？”郑国人回答说：“你们懂什么，我这尺码是仔仔细细量出来的，最准确了，我是宁可相信量好的尺码，也不相信自己的脚。”众人大笑。

［解析］这个郑国人的逻辑推理是：

或者相信量好的尺码，或者相信自己的脚；
宁可相信量好的尺码；
所以，不相信自己的脚。

这个推理是一个相容选言推理，没有肯定否定式。因为相信尺码和相信脚可以相容。

**【案例】**13.《世说新语》记载了这样一件事：东晋西征大将军桓温奉命伐蜀，途经三峡的时候，看到陡峭的山壁直通青天，奔腾的江水浪高流急，便叹息道：“唉！既然做了忠臣，就不能做孝子了。”

［解析］桓温是把它作为不相容选言命题，实际上是相容的。

# 第四节　假言命题及其推理

假言命题是断定一种事物情况的存在是另一种事物情况存在的条件的命题，所以又称为条件命题。

最基本的条件命题有三种：充分条件假言命题、必要条件假言命题和充分必要条件假言命题。

## 一、充分条件假言命题

### 1. 什么是充分条件假言命题？

充分条件假言命题是断定一种事物情况的存在是另一种事物情况存在的充分条件的命题。比如：

如果语言能够产生物质财富的话，那么夸夸其谈的人就是世界上最富有的人了。

现代逻辑中用蕴含符号“→”表示充分条件变项间的真值关系。上述充分条件假言命题可以表示为：p→q。在这一蕴含式中，p 称为前件，q 称为后件，不能任意颠倒，这和联言命题、选言命题不同。

**2. 充分条件假言命题的逻辑特征。**

所谓充分条件，就是有前件就一定有后件。有前件而没有后件，前件真而后件假是不可能的。

| p | q | p→q |
|---|---|---|
| T | T | T |
| T | F | F |
| F | T | T |
| F | F | T |

如果真的是前件真而后件假，说明前后件之间根本不是充分条件关系，用蕴含式表示是不成立的。只要不是前件真而后件假，就都是真。所以有：

$$(p \rightarrow q) \longleftrightarrow (\neg p \vee q)$$

$$\neg (p \rightarrow q) \longleftrightarrow p \wedge \neg q$$





关于“蕴含怪论”问题。因为是在二值逻辑的范围内讨论一个命题的真假，一个命题非假即真，排除可能假的情况。实质蕴含中，当前件真时，后件肯定真；如果前件真后件假的话，就不是蕴含关系了，前件就不蕴含后件了，或者说蕴含关系不成立。而前件假时，后件可真可假，或者说前件假，后件真假都不影响蕴含关系的成立。所以，不是假的，就是（可能）真的，就把它当作是真的。这是实质蕴含与严格蕴含的区别。比如：

如果 2+2 不等于 4，那么雪是白的。

如果 2+2 不等于 4，或者雪是黑的。

这两个命题都是成立的。

**【案例】** 1. 外国有一则笑话叫“驼背老鼠”，滑稽演员侯波在电视演播中讽刺他住的旅馆低矮，老鼠成群。他说：“我住的旅馆，房间又矮又小，连老鼠都是驼背的。”旅馆老板听后大为光火，立即上诉控告侯波诋毁旅馆的声誉。侯波怕事情弄大了不好收拾，连声表示愿意道歉更正。于是他在电视台发表声明说：“上次我曾经说过，我住的旅馆房间里的老鼠都是驼背的，这句话说错了。我现在郑重更正：那里的老鼠没有一只是驼背的。”

［**解析**］“那里的老鼠没有一只是驼背的”说明那里有很多老鼠，或者说隐含了这样一个意思。

**【案例】** 2. 小说《选美前后》里有这么一个有趣的情节：在比赛进入决赛

时，主持人向参赛者杨小姐提出了这么一个问题："假如要你在这两个人中选一个做终身伴侣，你会选择谁呢？这两个人一个是希特勒，一个是肖邦。"一般人都会选择肖邦，可杨小姐却因为选择了希特勒而出奇制胜。她选择希特勒的理由是：我希望自己能够感化希特勒。如果我嫁给希特勒，第二次世界大战就不会死那么多人了。

［**解析**］显然，出题人的意图并不是想考杨小姐的价值观或者道德观，而是考她的智慧。杨小姐很清楚这一点，她选择了希特勒，同时表现了她愿意牺牲自己的幸福来制止战争、捍卫和平的高尚情操，自然获得了评委的如潮好评，使自己从众多的参赛者中脱颖而出。

从逻辑上看，杨小姐选择"嫁"给希特勒没有任何实质性的风险，因为希特勒早已不存在，无论她能否改变希特勒，第二次世界大战会死多少人，她都不必为兑现自己的承诺而发愁。因为对于充分条件假言判断来说，当前件假时，后件无论真假，充分条件假言判断都是真的。



**【案例】**3. 有一个阿凡提的故事，讲到王宫的后花园有一个大水塘。有一次国王问手下的大臣："这个水塘里有多少桶水？"大臣们面面相觑，无人回答得出来。国王忙召阿凡提来。阿凡提略加思索，回答说："如果水桶有水塘那么大，就有一桶；如果水桶有水塘一半大，那就有两桶；如果水桶是水塘的十分之一大，那么就有十桶。"国王觉得阿凡提说得对，就重赏了他。

［**解析**］这种例子还有很多。比如有人问古代印度的一个哲学家：一滴水怎么才不会干？他回答说，把它放到海里去。这里就有一个充分条件假言命题：如果把一滴水放到海里去，那么它就不会干。

还有一个故事，讲到19世纪德国著名画家门采尔。有一天，一位画家向他诉苦说："为什么我画一幅画只花了一天，可是卖掉它却需要整整一年？"门采尔回答说："你倒过来试试吧，如果你花了一年时间画它，可能只需要一天就把它卖出去了。"

**【案例】**4. 英国女作家阿加莎·克里斯蒂的小说《尼罗河上的惨案》中，百万女富豪林内特在游船上自己的房间里被人谋杀了。谁是杀人凶手？

在调查的过程中，林内特的女仆路易斯和作家奥特勃恩太太又先后被杀，这使得案情更加复杂。奥特勃恩太太被杀之后，波洛突然想起路易斯在被杀前说过的一句话："假如我睡不着觉，而且我在甲板上，也许我会看见那个凶手进入太太的客舱。"

尽管这句话是以虚拟语气说的，但是波洛认为这是一句很重要的话，可是在她被杀之前波洛没有想到。尽管路易斯这样小心地说话，但最后还是被杀掉了。究竟是谁杀的呢？根据当时在场的人的情况，最后找到了真正的凶手——西蒙和杰奎琳。

[解析] 从逻辑上说，路易斯这句话，是一个表示充分条件关系的语句。路易斯是想用这种语气说话，来要挟凶手，从中谋取利益。但是没有引起侦探的重视，没有听出弦外之音。而狡猾的凶手立即领会了她的意思，于是把她杀害了。

**【案例】** 5. 在火车上，一位旅客发现自己的手提包不见了。他看见前面一个穿夹克的人正拿着他的包往前走，连忙跑过去问：“你为什么拿我的包？”那人说：“啊，对不起，拿错了。”他立即把包还给了这位旅客。这个情景被民警老李看见了。他紧随那位穿夹克的人出了站，走上前去问道：“你自己的手提包呢？”那人目瞪口呆，说不出话来。带到派出所查问，原来是一个惯偷。



[解析] 小偷根本就没有自己的包，肯定是想偷别人的包，这是一个隐含问题。这一点被民警注意到了。

**【案例】** 6. 一个军官回家探亲，发现有人敲门，他打开一看，只见一个不认识的人在敲门，问道：“你找谁呀？”那人连忙说：“对不起，找错人家了。”这位军官很警惕，悄悄跟着那个人，没有见他再找什么人家。于是走上前去问：“请问你找什么人？”那人心虚，半天说不出话来。

[解析] 小偷不知道怎么回答，因为他根本没有找什么人。这里也有一个隐含问题，即隐含了他是小偷。

**【案例】** 7. 现代京剧《智取威虎山》中有一场戏，讲到当杨子荣说明自己的身份是中国人民解放军时，猎户老常说：“你也是解放军？”这句话隐含了一个判断：有另一个人冒充解放军。杨子荣知道了这个隐含判断，并循着这条线索活捉了冒充解放军的土匪。

[解析]“你也是解放军？”隐含了还有另一个人也自称解放军。

**【案例】** 8. 19 世纪著名歌剧作曲家罗西尼对抄袭别人的东西深恶痛绝。有一次，一位作曲家演奏自己的新作，特邀他指导。他开始兴致勃勃，但后来把帽子摘了又戴上，摘了又戴上。演奏结束后，这位作曲家就问他：“阁下，这里条件不太好，你是不是太热啦？”“不。”罗西尼说。作曲家又问：“那你为什么老是脱帽呢？”罗西尼说：“在阁下的曲子里，我见到了那么多熟人，不得不频频脱帽。”那位作曲家一听面红耳赤。

[解析] 罗西尼的话隐含了“你抄了别人的曲子”。

【案例】9. 有一个年轻人将自己的一首诗送给编辑看，编辑看后说："这首写得很好。不过我想问一下，是你自己写的吗?"年轻人答道："当然是，我花了一个星期才写出来的，构思花了我两个月。"编辑说："那我很高兴见到你，普希金先生。我以为你在决斗中死了呢。"

还有一个故事。有一个夫人，满脸皱纹，两鬓斑白，但她很害怕别人说她老。有一次，她对一个刚认识的朋友说："你知道吗？我和我妹妹的岁数加起来才 66 岁。"她的朋友说："难道你把这么小的妹妹放在家里吗?"

[解析] 这里涉及了隐含。第一个例子中问"这首诗是你写的?"，这个年轻人回答说"当然是"，但是这首诗明明是普希金写的，所以编辑说"很高兴见到你，普希金先生"。第二个例子，妹妹这么小，姐姐肯定就大，因为加起来共 66 岁，这里也省略了"你肯定大"的话。

## 二、必要条件假言命题

**1. 什么是必要条件假言命题?**

必要条件假言命题是断定前件是后件的必要条件的假言命题。必要条件是说没有它，就没有后件，或者说前件假而后件真是不可能的。即有之不必然，无之必然不。比如：

只有年满 18 周岁才有选举权。

现代逻辑中用"←"符号表示必要条件假言命题的真值。

上述命题的逻辑形式是：$p \leftarrow q$。

**2. 必要条件假言命题的逻辑性质。**

一个必要条件假言命题真，当且仅当不是前件假而后件真。如果前件假而后件可以真，则说明根本不是必要条件，即使用必要条件假言命题的联结词连接起来，也是假的。所以，有：

$$(p \leftarrow q) \leftrightarrow p \vee \neg q$$

$$\neg (p \leftarrow q) \leftrightarrow \neg p \wedge q$$

| p | q | p←q |
|---|---|---|
| T | T | T |
| T | F | T |
| F | T | F |
| F | F | T |

【案例】1. 有一次，乾隆皇帝问纪晓岚："'忠孝'二字做何解释?"纪晓岚说："君要臣死，不得不死，为忠；父要子亡，不得不亡，为孝。"乾隆见纪晓岚上了圈套，就说："那好，朕要你现在就去死。"纪晓岚答道："臣领旨。"乾隆问："你怎么个死法?""跳河。"纪晓岚答。乾隆说："外面有条河，你去跳吧!"纪晓岚知道皇帝是在开玩笑，出去转了一圈，又回到皇帝身边。乾隆笑着说："你怎么还没有去死啊?""我碰到屈原了。"纪晓岚说，"他不让我死。""此话怎讲?"乾隆问。"我来到河边，正想往下跳，却见屈原从水里走出来，对我说：'纪晓岚，你此举大错也，想当年楚王昏庸，我不得不死。可如今皇上圣明，你为何要死?'他劝我回去问皇上是不是昏君，如果皇上说他跟当年的楚王一样是个昏君，你再跳河也不迟。所以我就回来了。"纪晓岚说。皇上大笑，说他真是铁嘴铜牙，不愧是天下第一才子。



[解析] 这里包含了这样一个必要条件假言推理：

只有皇上是昏君，我才跳河去死，
皇上圣明（不是昏君），
所以，我不能跳河而死。



【案例】2. 有一年，哈佛大学毕业生临出校门前，校方对他们做了一个有关人生目标的调查，结果发现27%的人完全没有目标，60%的人目标模糊，41%的人有近期目标，只有3%的人有长期而明确的目标。25年过去了，那3%的人不懈地朝一个目标努力，成为社会的精英，而其余的人成就要差很多。这说明：

A. 应该尽快、尽早地确定自己的人生目标。

B. 人生没有任何意义，我们应该给它加上一个意义。

C. 是否有长远而明确的人生目标，对人生成就的大小有非常重要的影响。

D. 如果有长远而明确的人生目标，就会获得人生的成功。

[解析] 正确答案：C。有长远而明确的人生目标，是创造非凡成就的必要条件。

【案例】3. 西式快餐已被广大的中国消费者接受。随着"美国快餐之父"艾德熊大踏步迈进并立足中国市场，一向生意火爆的麦当劳在中国的利润今后几年肯定会有较明显的下滑。

要使上述推测成立，以下哪项是必须假设的?

Ⅰ. 今后几年中，中国消费者用于西式快餐的消费总额不会有大的变化。

Ⅱ. 今后几年中，中国消费者用于除麦当劳、艾德熊以外的西式快餐（如肯德基）的消费总额不会有大的变化。

Ⅲ. 今后几年中，艾德熊的经营规模要和麦当劳相当。

A. 只有Ⅰ。　　B. 只有Ⅱ。　　C. 只有Ⅲ。　　D. 只有Ⅰ和Ⅱ。

［解析］正确答案：D。

Ⅰ项是必须假设的。否则，如果今后几年中，中国消费者用于西式快餐的消费总额有大幅度的增长，那么，虽然艾德熊占据了原来属于麦当劳的一部分西式快餐的中国市场，但是麦当劳在中国的利润在今后几年可能仍保持不变甚至会上升。这样，题干的推测就不成立。

Ⅱ项是必须假设的。否则，如果今后几年中，中国消费者用于除麦当劳、艾德熊以外的西式快餐（如肯德基）的消费总额大幅度减少，那么，就很可能是艾德熊占据了原来属于如肯德基的一部分西式快餐的中国市场，而对麦当劳在中国的利润不产生不利影响。这样，题干的推测就不成立。

Ⅲ项显然不是题干的推测必须假设的。排除Ⅲ。

**【案例】**4. 在新一年的电影节上，准备打破过去只有一部最佳影片的限制，而是按照历史片、爱情片等几种专门的类型分别评选最佳影片，这样可以使电影工作者得到更为公平的对待，也可以使观众和电影爱好者对电影的优劣更有发言权。

根据以上信息，这种评选制度的改革隐含了以下哪项假设？

A. 划分影片类型，对于规范影片拍摄有重要的引导作用。

B. 每一部影片都可以按照这几种专门的类型来进行分类，没有遗漏。

C. 观众和电影爱好者在进行电影评论时喜欢进行类型划分。

D. 按照类型来进行影片的划分，不会使有些冷门题材的影片被忽视。

［解析］正确答案：B。如果不按照这几种专门的类型划分，有些电影就会遗漏，那么后面的结论如“公平的对待”“更有发言权”就无从谈起。即B项严重削弱题干，因此此命题必须假设。

**【案例】**5. 尽管计算机可以帮助人们进行沟通，计算机游戏却阻碍了青少年沟通能力的发展。他们把课余时间都花费在玩游戏上，而不是与人的交流上。所以，把课余时间都花费在游戏上的青少年的沟通能力比其他孩子的沟通能力差。

以下哪项是上述讨论最可能的假设？

A. 一些被动的活动，如看电视和听音乐，并不会阻碍孩子们交流能力的发展。

B. 大多数孩子在玩电子游戏之外还有其他的事情可做。

C. 在课余时间不玩电子游戏的孩子至少有些时候是在与人交流。

D. 传统的教育体制对增强孩子们与人交流的能力没有帮助。

**[解析]** 正确答案：C。题干：课余时间都花费在游戏上——沟通能力差。A 项引入新概念“看电视和听音乐”，为无关项。B 项否定代入也有削弱作用，如没有更好的选项，就可选它。C 项，如果不玩电子游戏的孩子不与人交流，那么就无法确定“把课余时间都花费在游戏上的青少年的沟通能力差”，因此必须假设。与 B 项相比较，由于 B 项断言的是大多数孩子，而不是所有孩子，因此，题干对于 B 项的依赖程度弱于 C 项。因此，此题对假设的依赖程度进行考察，体现了批判性思维的考察方向。





## 三、充分必要条件假言命题

**1. 什么是充分必要条件假言命题？**

充分必要条件假言命题是断定前件既是后件的充分条件又是后件的必要条件的假言命题。有前件就有后件，没有前件就没有后件，反之亦然。比如：

一个三角形是等边三角形当且仅当它是等角三角形。

我们用等值符号“$\longleftrightarrow$”来表示这种关系。上面的命题的逻辑形式是“$p \longleftrightarrow q$”。

**2. 充分必要条件假言命题的逻辑特征。**

充分必要条件假言命题，前件是后件的充分必要条件，后件亦是前件的充分必要条件。或者说有前件就有后件，没有前件就没有后件，所以又称为“等值式”，即前后件的值是相等的。所以当它们的值相等的时候，等值式就真，不等值的时候就假。有以下公式：

$(p \longleftrightarrow q) \longleftrightarrow (p \rightarrow q) \land (p \leftarrow q)$

$(p \longleftrightarrow q) \longleftrightarrow (p \rightarrow q) \land (\neg p \rightarrow \neg q)$

$\neg (p \longleftrightarrow q) \longleftrightarrow (p \land \neg q) \lor (\neg p \land q)$

| p | q | $p \longleftrightarrow q$ |
|---|---|---|
| T | T | T |
| T | F | F |
| F | T | F |
| F | F | T |

**【案例】**1. 公元73年，东汉大将抗击匈奴，派班超出使西域，联络西域各国，共同对抗匈奴。班超带领随从36人来到西域的鄯善。鄯善王原来归附匈奴，因匈奴逼他们纳税进贡，勒索财物，他们很不满意，但是只能听从匈奴的命令。这次汉朝派来使者，鄯善王十分殷勤地招待了他们。但是过了几天，班超发现鄯善王对他们忽然冷淡起来，原来是匈奴也派来了使者。班超召集36人商议，说："大家跟我来到西域，无非是想立功报国，要是鄯善王把我们抓起来送给匈奴人，我们的尸骨就不能回乡了。大家看怎么办？"随从们说："现在情况紧急，是死是活，全听您的啦！"班超想了一下，说："大丈夫不入虎穴，焉得虎子？现在只有一个办法，就是趁着天黑去袭击匈奴使者。只要杀了匈奴使者，事情就好办了。"到了半夜，班超率领36个壮士偷袭匈奴住处，顺风纵火，杀死了匈奴使者和他的30多个随从。鄯善王看到匈奴使者被杀，就表示不再和匈奴来往，归顺汉朝。

**［解析］**"不入虎穴，焉得虎子"是一个必要条件假言命题，"入虎穴"是"得虎子"的必要条件。班超的意思是，只有深入虎穴，才能得到虎子；只有深入"虎穴"，才能杀死匈奴使者；也只有杀死匈奴使者，才能使鄯善归顺朝廷。

**【案例】**2. 湖南民间有一则巧媳妇的故事。说的是一个叫巧姑的媳妇，把家务安排得井井有条。她公公张老汉一时高兴，就在大门上贴上"万事不求人"几个大字。没过多久，知府知道了此事，心里生气，心想："你万事不求人，是把我这个堂堂的知府也不放在眼里吗？"于是把张老汉抓了起来，对他说："你本事大啊，竟敢说'万事不求人'。我现在要你办两件事：一是找一块遮天的布，二是备好能灌满大海的油。限你三天办好，否则要治你的罪。"张老汉非常着急，把情况告诉了媳妇。媳妇说："公公不用着急，我来对付。"三天之后，知府果然来到张老汉家，大声问道："张老头，两件事办得怎么样啦？"巧姑代替公公说："准备好了。"知府叫她拿出来给大家看看。巧姑说："我准备了很多布，可就是不知道要取多少布才能遮天？天有多大呢？""我不知道天有多大，我又没有量过。"知府说。巧姑又问："那你没有量过，我怎么知道要多少布来遮天呢？"知府一时不知所措，说："那第一件事算了吧。第二件呢？那灌满大海的油呢？"巧姑答："也按您的吩咐准备好了。请知府把大海里的水放干，我好灌油。"知府听了，答不出话来，灰溜溜地走了。

**［解析］**在这里，巧媳妇用了必要条件假言命题：只有知道天有多大，海有多深，才能用一块布遮天，也才能往大海里灌油。

## 四、假言推理

**1. 充分条件假言推理。**

充分条件假言推理是以充分条件假言命题为前提，并且依据充分条件假言命题的逻辑特征进行的推理。充分条件假言推理的有效形式有两种：

（1）肯定前件式：$p \to q$，p，q

（2）否定后件式：$p \to q$，$\neg q$，$\neg p$

下列两种形式是错误的：

（1）否定前件式：$p \to q$，$\neg p$，$\neg q$

（2）肯定后件式：$p \to q$，q，p

**【案例】**1. 一位老师和两位同学做了一个逻辑游戏。老师手里有三颗糖，一颗硬糖，两颗软糖，他把这一情况告诉两个学生。现在老师给两个学生每人一颗糖，自己留一颗糖，然后要两位学生互相猜对方手里拿的是软糖还是硬糖。一开始，两个学生都懵了一下，好像都猜不出来。这时一个学生说，老师我知道了，对方拿的是软糖。

请问该学生是如何猜中的？

［解析］首先，从逻辑上说，如果对方拿的是硬糖，他应该马上猜中我拿的是软糖，因为只有一颗硬糖。但现在两个学生都懵了一下，猜不出对方拿的是什么糖，所以对方肯定拿的不是硬糖。因此，对方拿的是软糖。这里运用了充分条件假言推理的否定后件式：

如果对方拿的是硬糖，应该马上猜中我拿的是软糖；
但对方没有马上猜中我拿的是软糖；
所以，对方拿的不是硬糖（而是软糖）。

**【案例】**2. 一天，曾子的妻子要上街，孩子闹着要跟去。曾子的妻子就哄孩子说："你在家好好念书，我回来就杀猪给你吃。"妻子回家以后，见曾子真的要杀猪，忙制止道："我不过是骗骗小孩子，你还当真了。"曾子正色道："小孩是不能骗的。你今天骗了他，他以后就不会相信你了。你既然已经答应回来就杀猪给他吃，就不能食言。"曾子的言行，为后辈树立了"信"，即诚信的楷模。

［解析］曾子妻子的许诺是一个充分条件假言判断：如果你在家好好念书，我回来就杀猪给你吃。如果小孩在家好好念书，曾子妻子又没有杀猪给他吃，就是一个假判断，一个虚假的承诺。要做一个守信用的人，就必须兑

现自己的承诺，哪怕是付出极高的代价。

**【案例】**3. 孔融小时候很聪明。孔融十岁的时候，跟随父亲到洛阳。那时李膺名气很大，担任司隶校尉的职务。到他家去的人，都是些才智出众的人、有名誉的人以及他自己的亲戚。孔融到了他家门前，对看门的官吏说："我是李膺的亲戚。"通报了以后，孔融上前坐下。李膺问："您和我有什么亲戚关系？"孔融回答说："从前我的祖先孔子曾经拜您的祖先老子为师，所以我和您是世代通好。"李膺和他的那些宾客没有不对他的话感到惊奇的。太中大夫陈韪后来才到，别人就把孔融说的话说给他听，陈韪说："小时了了，大未必佳。"意为小的时候很聪明，长大了未必很有才华。孔融说："想君小时，必当了了。"意思是"我猜想您小的时候一定很聪明吧"。陈韪听了感到局促不安。

**[解析]** 陈韪为什么感到很尴尬呢？因为孔融的话再加上自己的那句话，构成一个推理：

如果小时候聪明，那么长大了不一定怎么样；
我猜想你小时候聪明；
所以，你现在不怎么样。

这个结论是从其自身的前提推出来的。其前提是一个充分条件假言命题，另一前提肯定了他小时候聪明，从而得出他现在不怎么样的结论。

**【案例】**4. 1936 年 12 月 12 日，震惊中外的西安事变爆发了。12 日凌晨，张学良、杨虎城派去的一支小分队包围了临潼华清池，遭到蒋介石卫队的抵抗。小分队很快击溃了卫队，冲到了蒋介石的卧室，发现蒋介石不见了。怎么办？带队的军官一摸被窝，发现还是暖和的。他们马上断定蒋介石刚刚逃走，肯定还在附近躲藏着。于是他们便分头到附近的山上搜索，果然在半山腰的一个山缝里捉住了蒋介石。

**[解析]** 带队的军官为什么知道蒋介石就在附近？因为他们做了如下推断：

如果被窝还是暖的，说明蒋介石离床的时间不长；
现在被窝还是暖的；
所以，蒋介石离床的时间不长。

这是一个肯定前件式的充分条件假言推理。

**【案例】**5. 晏子拜见楚王。楚王说："齐国恐怕是没有人了吧？怎么派遣你做使者?”晏子回答说：“齐国首都临淄有七千多户人家，展开衣袖连在一起可以遮天蔽日，挥洒汗水就像天下雨一样，肩挨着肩，脚跟着脚，怎么能说齐国没有人呢?”楚王说：“既然这样，那为什么派你这样一个人来做使臣呢?”晏子回答说：“齐国派遣使臣，各有各的主张和规矩，那些贤明的人就派遣他出使贤明君主的国家，不贤、没有才德的人就派遣他出使无能君主的国家。我是最无能的人，所以就只好出使楚国了。”

［**解析**］这里用的是一个充分条件假言推理的肯定前件式：

如果是贤能的人，就派到贤明的君主那里去；
如果是不贤者，就派到不贤的君主那里去；
如果是最不贤的人，就派到最不贤的君主那里去；
我是最不贤的人，所以，派到最不贤的君主这里来。





**【案例】**6. 小乌鸦在一口井边惊喜地看到了一只盛着水的玻璃罐。但是水太浅了，罐口又太小，看着有水却喝不到，小乌鸦有些心急。不过，它很快就想到了一个办法，它拾起地上的小石子，放进玻璃罐里，小乌鸦是想让水面升高。当周围的石子越来越少时，水面也已经升至了罐口。小乌鸦埋下头，痛痛快快地喝了个饱，又继续向远方飞去了。

［**解析**］从逻辑的角度看，乌鸦运用了两个充分条件假言命题：

（1）如果我把石子放进罐子里，那么水就会满起来；

（2）如果水满起来，那么我就能喝到它。

**【案例】**7. 第一次世界大战期间，德军向法军猛烈进攻，法军为了避开德军锋芒，积蓄力量，巧施隐身术躲藏了起来。德军一时失去了目标，德军指挥官下令侦察敌情。一天，德军一名军官用望远镜搜索法军阵地，突然发现前方阵地缓缓爬出一只名贵的波斯猫，懒洋洋地躺在那里晒太阳。他心想，如此名贵的波斯猫只有法军高级将领才有，而高级将领当然住在指挥所里。现在前方阵地上出现了一只名贵的波斯猫，这证明了那里肯定隐藏了法军旅以上的高级指挥所。于是，他立即向上级报告。德军指挥官得到情报后，命令炮火集中轰炸波斯猫晒太阳处，成功地摧毁了法军一个旅指挥所。

［**解析**］这位德国军官进行了以下两个推理：

第一个推理：

凡有名贵的波斯猫的地方就有法军高级指挥官，
前方阵地有名贵的波斯猫，
所以，前方阵地有法军高级将领。

第二个推理：

凡有法军高级将领的地方就有法军高级指挥所，
前方阵地有法军高级指挥官，
所以，前方阵地有法军高级指挥所。

**【案例】**8. 哲学家说："我思考，所以我存在。如果我不存在，那么我不思考。如果我思考，那么人生就意味着虚无缥缈。"

若把"人生并不意味着虚无缥缈"补充到上述论证中，那么哲学家还能得出什么结论？

A. 我思考。

B. 我不思考。

C. 我存在。

D. 我不存在。

**[解析]** 正确答案：B。题干最后一句"如果我思考，那么人生就意味着虚无缥缈"，如果加上"人生并不意味着虚无缥缈"，那就是否定了这一句的后件。根据充分条件假言命题的性质，否定后件就要否定前件，即否定"我思考"。所以结论是"我不思考"。

**【案例】**9. 如果学校的财务部门没有人上班，我们的支票就不能入账；我们的支票不能入账，因此，学校的财务部门没有人上班。请在下列各项中选出与这一推理结构最为相似的一项。

A. 如果太阳神队主场是在雨中与对手激战，就一定会赢。现在太阳神队主场输了，看来一定不是在雨中进行的比赛。

B. 如果太阳晒得厉害，李明就不会去游泳。今天太阳晒得果然厉害，因此李明一定没有去游泳。

C. 所有的学生都可以参加这一次的决赛，除非没有通过资格赛的测试。这个学生不能参加决赛，因此他一定没有通过资格赛的测试。

D. 倘若是妈妈做的菜，菜里面就一定会放红辣椒。菜里面果然有红辣椒，看来是妈妈做的菜。

E. 如果没有特别的原因，公司一般不批准职员们的事假申请。公司批准了职员们的事假申请，所以肯定有特别的原因。

**[解析]** 正确答案：D。这是一个充分条件假言推理的肯定后件式，是错误的推理形式。

**【案例】**10. 小张承诺：如果天不下雨，我一定去听音乐会。

以下哪项为真，说明小张没有兑现承诺?

Ⅰ. 天没下雨，小张没去听音乐会。

Ⅱ. 天下雨，小张去听了音乐会。

Ⅲ. 天下雨，小张没去听音乐会。

A. 仅Ⅰ。　　B. 仅Ⅱ。　　C. 仅Ⅲ。

D. 仅Ⅰ和Ⅱ。　　E. Ⅰ、Ⅱ和Ⅲ。

[解析] 正确答案：A。充分条件假言命题的特点是前件真，后件一定真；前件假，后件可真可假。所以只有A，即Ⅰ前件真后件假，说明小张没有兑现承诺。

【案例】11. 如果父母在孩子出生前确实想要这个孩子，那么，孩子出生后肯定不会受虐待。



以下哪一项成立，以上的结论才会为真?

A. 父亲一旦有了自己的孩子，会改变原本只是想传宗接代的观念。

B. 爱孩子的人不会虐待下一代。

C. 不想要孩子的人通常也会抚养孩子。

D. 不爱自己孩子的人通常会虐待孩子。

E. 虐待孩子的人都是不想要孩子的。

[解析] 正确答案：E。题干陈述了“确实想要孩子”是“不虐待孩子”的充分条件。那么，否定后件就要否定前件，即虐待孩子的人都是不想要孩子的。



**2. 必要条件假言推理。**

必要条件假言推理是以必要条件假言命题为前提，并且依据必要条件假言命题的逻辑特征进行的推理。必要条件假言推理的有效形式有两种：

(1) 否定前件式：$p \leftarrow q$，$\neg p$，$\neg q$

(2) 肯定后件式：$p \leftarrow q$，$q$，$p$

以下两种形式是无效的：

(1) 肯定前件式：$p \leftarrow q$，$p$，$q$

(2) 否定后件式：$p \leftarrow q$，$\neg q$，$\neg p$

【案例】1. 在公共汽车上的对话。

“真高，真漂亮!”一位老大爷指着车窗外掠过的一栋栋高楼说。

“爷爷，咱们干吗不住到这儿来?”他身旁的小孙子问。

“等你长大了好好念书。只有念书念得好，才能住这样漂亮的高楼。”大爷说。

“爷爷，你一定没有好好学习。”小孙子说。

“哄”的一声，车上的人都笑了起来。

［解析］这里包含了充分条件假言推理的否定后件式：

> 只要好好学习，就可以住这么高的房子；
> 爷爷没有住这么高的房子，
> 所以，爷爷没有好好学习。

小孙子误解了爷爷的话，把爷爷的必要条件理解为充分条件了。

**【案例】** 2. 晏子出使楚国。因为他身材矮小，楚国人就在城门旁边特意开了一个小门，让晏子从小门进去。晏子不肯进去，说：“只有出使狗国的人，才从狗洞中进去。现在我出使的是楚国，不应该从此门进去吧。”迎接的人只好请晏子从大门中进去。

［解析］这里使用了必要条件假言推理的否定前件式：

> 只有出使狗国，才会从狗门入，
> 我是出使到楚国来的（并非出使狗国），
> 所以，我不从狗门入。

**【案例】** 3. 据说，英美联合出兵伊拉克的报告曾有一个微小的改动。正是这一改动，让英美出兵伊拉克的理由变得更加充分。这个改动是这样的：英国联合情报委员会在原来的关于伊拉克武器的报告中说，“萨达姆只有在伊拉克遭受攻击时才可能使用生化武器”。专家在讨论后认为这种提法有问题，因为如果这样表述，即使英美认为伊拉克有生化武器，也没有理由对它进行打击。于是在后来的正式报告中，上文被改成了“如果萨达姆认为他的政权遭受攻击时，他就将启用生化武器”。

［解析］报告原文是一个必要条件假言判断，有之未必然，无之必不然。它断定了伊拉克即使有生化武器，在遭受攻击时也不一定会使用，如果伊拉克没有遭受攻击就根本不会使用生化武器。如果真是这样，英美就没有理由对它进行打击了。修改后的报告中关于生化武器的陈述是一个充分条件假言判断，有之则必然，无之未必不然。它断定了伊拉克如果感受到“遭受打击”的威胁时就一定会使用生化武器，如果伊拉克没有遭受打击也不一定不使用生化武器。这样，英美就可以堂而皇之地出兵了。

**【案例】** 4. 某年，某国一个大臣在该国首都被刺身亡。案发后，警方逮捕了一个名叫丹尼的青年，并一口咬定他是凶手，其理由是大臣是乘坐敞篷车驶进银行大厦时被刺的。据目击者说，子弹是从银行大厦的三楼射出的，而丹尼当时正好在三楼。另外据法医报告，凶器是一支6.5毫米口径的意大利造卡宾枪，而在丹尼的房间里恰恰搜到了这种枪。

请问警方的推理正确吗？为什么？

[**解析**] 警方的推理不正确。因为出现在案发现场仅是作案的必要条件，有之未必然，即在现场的人不一定就是案犯。同理，有凶器也仅是作案的必要条件，有凶器的人也不一定就是罪犯。

【**案例**】5. 母亲："外语从小就要努力学，天天学，这样才能掌握好。"

儿子："我长大了又不想当翻译，为什么要努力学习外语。"

以下哪项是儿子的回答中所包含的前提？

A. 只有当翻译，才需要努力学习外语。

B. 当翻译就要努力学习外语。

C. 不学外语就不能当翻译。

D. 当翻译有什么意思，我没兴趣。

E. 学习外语的唯一用处就是当翻译。

[**解析**] 正确答案：A。加上A项，儿子的回答是一个正确的推理。但是A项的说法本身就有问题。

【**案例**】6. 除非不把理论当作教条，否则就会束缚思想。

以下各项都表达了与题干相同的含义，除了：

A. 如果不把理论当作教条，就不会束缚思想。

B. 如果把理论当作教条，就会束缚思想。

C. 只有束缚思想，才会把理论当作教条。

D. 只有不把理论当作教条，才不会束缚思想。

E. 除非束缚思想，否则不会把理论当作教条。

[**解析**] 正确答案：A。题干的意思是只要把理论当作教条，就会束缚思想，是一个充分条件假言命题。前件是后件的充分条件，后件就是前件的必要条件。但是A项否定前件而否定后件，是一个必要条件，而不是充分条件。

【**案例**】7. 教授：如果父母都是O型血，其子女的血型也只能是O型，这是遗传规律。

学生：这不是真的，我父亲是B型血，而我是O型血。

学生最有可能把教授的陈述理解为：

A. 只有O型血的人才会有O型血的孩子。

B. O型血的人不可能有B型血的孩子。

C. B型血的人永远会有O型血的孩子。

D. 如果父母都是B型血，其孩子也会是B型血。

[**解析**] 正确答案：A。教授说的是一个充分条件假言命题，而学生把教授的话理解为一个必要条件。

**【案例】**8. 法制的健全或者执政者强有力的社会控制，是维持一个国家社会稳定的必不可少的条件。Y国社会稳定但法制尚不健全，因此，Y国的执政者具有强有力的社会控制能力。

以下哪项论证方式，和题干的最为类似？

A. 一个影视作品，要想有高的收视率或票房价值，作品本身的质量和必要的包装宣传缺一不可。电影《青楼月》上映以来票房价值不佳，但实际上质量上乘。因此，看来它缺少必要的广告宣传和媒体炒作。

B. 必须有超常业绩或者服务于本公司30年以上工龄的雇员，才有资格获得本公司本年度的特殊津贴。黄先生获得了本年度的特殊津贴，但只在本公司供职5年，因此他一定有超常业绩。

C. 如果既经营无方又铺张浪费，则一个企业将严重亏损。Z公司虽经营无方但并没有严重亏损，这说明它至少没有铺张浪费。

D. 一个罪犯要实施犯罪，必须既有作案动机，又有作案时间，在某案中，W先生有作案动机但无作案时间。因此，W先生不是该案的作案者。

E. 一个论证不能成立，当且仅当或者它的论据虚假，或者它的推理错误。J女士在科学年会上关于她的发现之科学价值的论证尽管逻辑严密、推理无误，但还是被认定不能成立。因此，她的论证中至少有部分论据虚假。

[**解析**] 正确答案：B。两个命题的析取作为必要条件，必要条件后件真则前件真，前件有一支是假的，那么另一支必真。

**【案例】**9. 只有具有较高艺术修养的学生，才能考上电影学院。

如果这个判断成立，则以下哪项一定为真？

A. 有较高艺术修养的学生，也可以考上其他大学。

B. 电影学院有时也招有较高艺术修养的成年人。

C. 王英有较高的艺术修养，所以她考上了电影学院。

D. 如果王英考上了电影学院，则她一定有较高的艺术修养。

E. 没有较高艺术修养的学生，一定不会去考电影学院。

[解析] 正确答案：D。必要条件假言命题肯定后件就要肯定前件。

【案例】10. 有人说："只有肯花大价钱的足球俱乐部才进得了中超足球联赛。"

如果这个说法正确，以下哪项的说法也可能是正确的？

Ⅰ. 某足球俱乐部花了大价钱，没有进中超。

Ⅱ. 某足球俱乐部没有花大价钱，进了中超。

Ⅲ. 某足球俱乐部没有花大价钱，没有进中超。

Ⅳ. 某足球俱乐部花了大价钱，进了中超。

A. 仅Ⅳ。

B. 仅Ⅱ、Ⅲ。

C. 仅Ⅲ、Ⅳ。

D. 仅Ⅱ、Ⅲ、Ⅳ。

E. 仅Ⅰ、Ⅲ、Ⅳ。

[解析] 正确答案：E。一个必要条件假言命题为真，除了一种情况，即前件假而后件真。只有Ⅱ不是，加上Ⅱ构成的推理不正确。

【案例】11. 奥运场馆的规定是：没有当场门票者，不得进入比赛场馆。小梅持当场的门票来到比赛场馆入口说："根据规定我可以进入比赛场馆。"

小梅最可能将奥运场馆的规定理解为：

A. 除非持有当场门票，否则不能进入奥运场馆。

B. 只有持有当场门票的人，才能进入奥运场馆。

C. 只要持有当场门票的人，就能进入奥运场馆。

D. 没有当场门票的人，如果是运动员就可以进入赛场。

E. 不是运动员的人想看比赛，就必须有当场的门票。

[解析] 正确答案：C。有当场门票者，是进入的必要条件，而不是充分条件。

【案例】12. 萨尼队只有请到了罗伯特当教练并且严格管理球员，才能在这季联赛中获胜；除非这个队开出的条件比较优厚，否则不能请到罗伯特当教练。要想获胜，该球队就必须努力培养人才。

如果上述断言为真，则以下哪项必定为真？

A. 若该队请到罗伯特当教练并且严格管理球员，就能在这季联赛中获胜。

B. 该队请到了罗伯特当教练。

C. 若能在这季联赛中获胜，则该队一定请到了罗伯特当教练并且严格管理球员。

D. 该队请到了罗伯特当教练而且严格管理球员，仍然不能在这季联赛中获胜。

E. 若该队未能在这季联赛中获胜，则它一定没有请到罗伯特当教练。

［**解析**］正确答案：C。必要条件反过来就是充分条件。

**【案例】**13. 许多国家首脑在上任前并没有丰富的外交经验，但这并不妨碍他们做出成功的外交决策。外交学院的教授认为，虽然丰富的外交经验对于他们做出成功的外交决策是必不可少的，但事实上，只要一个人有了高度的政治敏锐性、强大的信息分析能力和非凡的勇气，就能很快地学会如何做出成功的外交决策。而对于一个缺少以上三种素质的人来说，丰富的外交经验是没有用的。

如果以上断言为真，则以下哪项一定为真？

A. 外交学院的教授比上任前的国家首脑更有外交经验。

B. 具有高度的政治敏锐性是做出成功的外交决策的必要条件。

C. 丰富的外交经验对于国家首脑做出成功的外交决策不是必要条件，也不是充分条件。

D. 丰富的外交经验对于国家首脑做出成功的外交决策是必要条件，但不是充分条件。

E. 强大的信息分析能力和非凡的勇气是做出成功的外交决策的必要条件。

［**解析**］正确答案：C。如果“丰富的外交经验”是“做出成功的外交决策”的必要条件，就不能出现前件假而后件真的情况。但是题干说明，某些国家元首没有丰富的外交经验，也能做出成功的外交决策。如果“丰富的外交经验”是“做出成功的外交决策”的充分条件，就不能出现前提真而结论假的情况。但是题干说明，对一个缺少以上三种素质的人来说，丰富的外交经验是没有用的。因此，“丰富的外交经验”对于“做出成功的外交决策”来说，既不是必要条件也不是充分条件。

**3. 充分必要条件假言推理。**

充分必要条件假言推理是以充分必要假言命题为前提，并且按照充分必要条件假言命题的逻辑性质进行的推理。

充分必要条件假言推理的有效形式有四种：

（1）肯定前件式：$p \longleftrightarrow q$，p，q

(2) 否定前件式：p←→q，¬p，¬q

(3) 肯定后件式：p←→q，q，p

(4) 否定后件式：p←→q，¬q，¬p

【案例】19世纪，英国城市人口增加而农村人口减少。一位历史学家推理说，这种变化并不是因为工业化，而是由于人口向城市的一系列迁移，每次迁移都伴随着农业经济的衰退。为证实这一假说，这位历史学家打算比较经济数据与人口普查数据。

下列哪项如果被证实是正确的，将最有力地支持这位历史学家的假说?

A. 在工业经济增长最快的时期，农业人口也相对减少。

B. 当农业经济最萧条的时候，整个人口增长也减慢了。

C. 当农业经济相对强劲，工业经济不景气的时候，农村人口会急剧减少。

D. 当工业经济和农业经济都比较好的时候，城市人口增长较快。

E. 当农业经济最强劲的时候，城市人口增长较慢。

[解析] 正确答案：E。这位历史学家认为，农业经济衰退时期的农村人口向城市迁移是造成英国城市人口增长而农村人口减少的原因。

E选项作为一个新的论据，支持了“农业经济衰退时期的农村人口向城市迁移是城市人口上升的原因”，因此选E。





# 第五节　负命题及其等值推理

## 一、什么是负命题

负命题是否定某个命题而得到的命题，可以是否定简单命题，也可以是否定复合命题。比如：

并非成功的人都是天才。

并非只有天下雨，地上才湿。

## 二、负命题的逻辑特征

由于负命题是对一个命题的否定，所以它和原命题是矛盾关系；而对一个负命题的否定，又可还原为一个原命题。所以有双否律。

| P | ¬P | ¬¬p |
|---|---|---|
| T | F | T |
| F | T | F |

## 三、简单命题的负命题和复合命题的负命题

**1. 简单命题的负命题。**

A、E、I、O四种性质命题的负命题，根据对当关系的矛盾关系，一个命题真推出对角线的命题为假。比如：全称肯定的否定等于特称否定命题。

注意一点，同素材的两个单称命题的否定，等于其对应的另一个单称命题。比如："并非鲁迅不是文学家"等于"鲁迅是文学家"。这点与全称命题不同。



**2. 复合命题的负命题及其等值命题。**

有以下等值式：

$\neg(p \wedge q) \leftrightarrow \neg p \vee \neg q$

$\neg(p \vee q) \leftrightarrow \neg p \wedge \neg q$

$\neg(p \vee q)$(不相容) $\leftrightarrow (p \wedge q) \vee (\neg p \wedge \neg q)$

$\neg(p \rightarrow q) \leftrightarrow p \wedge \neg q$

$\neg(p \leftarrow q) \leftrightarrow \neg p \wedge q$

$\neg(p \leftrightarrow q) \leftrightarrow (p \wedge \neg q) \vee (\neg p \wedge q)$

$\neg\neg p \leftrightarrow p$

**【案例】**1. 并非蔡经理负责研发或销售工作。

如果上述陈述为真，以下哪项陈述一定为真？

A. 蔡经理既不负责研发也不负责销售。

B. 蔡经理负责销售但不负责研发。

C. 蔡经理负责研发但不负责销售。

D. 如果蔡经理不负责销售，那么他负责研发。

[**解析**] 正确答案：A。否定一个选言命题等于一个相应的联言命题。因为选言命题只要一个支命题真它就真，所以要使其假，必须否定全部选言支。

**【案例】**2. 只要诊治准确并且抢救及时，那么这个病人就不会死亡，现在这个病人不幸死亡了。

如果上述断言是真的，以下哪项也一定是真的？

A. 对这个病人的诊治既不准确，抢救也不及时。

B. 对这个病人的诊治不准确，但抢救及时。

C. 对这个病人的诊治准确，但抢救不及时。

D. 如果这个病人死亡的原因是诊治不准确，那么，抢救不及时不会是原因。

E. 如果这个病人的诊治是准确的，那么，造成他死亡的原因一定是抢救不及时。

[解析] 正确答案：E。后件为假，两个前件中一定有一个是假的。

**【案例】** 3. 并非雅典奥运会既成功又节俭。

如果上述判断是真的，那么以下哪项必真？

A. 雅典奥运会成功但不节俭。



B. 雅典奥运会节俭但不成功。

C. 雅典奥运会既不节俭又不成功。

D. 雅典奥运会不节俭，但成功了。

E. 如果雅典奥运会成功了，那么一定不节俭。

[解析] 正确答案：E。“并非既成功又节俭”，只有肯定一个支判断，才能否定另一个支判断，只能用条件句表达。



# 第六节　其他复合命题推理形式

## 一、假言易位推理

因为充分条件和必要条件是相对而言的，前件是后件的充分条件，后件就是前件的必要条件。所以，有以下等值式：

$$(p \rightarrow q) \leftrightarrow (q \leftarrow p)$$

$$(p \leftarrow q) \leftrightarrow (q \rightarrow p)$$

$$(p \leftrightarrow q) \leftrightarrow (q \leftrightarrow p)$$

## 二、假言连锁推理

第一项蕴含（或逆蕴含）第二项，第二项蕴含第三项，第一项就蕴含第三项，即蕴含关系具有传递性：

$(p \to q) \wedge (q \to r) \to (p \to r)$

$(p \to q) \wedge (q \to r) \to (\neg r \to \neg p)$

$(p \leftarrow q) \wedge (q \leftarrow r) \to (p \leftarrow r)$

$(p \leftarrow q) \wedge (q \leftarrow r) \to (\neg p \to \neg r)$

$(p \leftrightarrow q) \wedge (q \to r) \to (p \to r)$

$(p \leftrightarrow q) \wedge (q \leftarrow r) \to (\neg p \to \neg r)$

**【案例】**如果你犯了法，你就会受到法律制裁；如果你受到法律制裁，别人就会看不起你；如果别人看不起你，你就无法受到尊重；而只有得到别人的尊重，你才能过得舒心。

从上述叙述中，可以推出下列哪一个结论？

A. 你不犯法，日子就会过得舒心。

B. 你犯了法，日子就不会过得舒心。

C. 你日子过得不舒心，证明你犯了法。

D. 你日子过得舒心，表明你看得起别人。

E. 如果别人看得起你，你日子就能过得舒心。

[**解析**] 正确答案：B。运用连锁推理得出。

## 三、二难推理

### 1. 二难推理的含义。

二难推理是指给出几个可供选择的情况，无论选择哪一种情况，都会进退维谷、左右为难。二难推理是这类推理形式的总称，除了二难的情况外，还有三难、四难等。

**【案例】**1. 中世纪基督教教会宣扬“上帝万能”的思想。有人提出一个二难推理，问上帝能否创造一块他自己都举不起来的大石头，并进行以下论证：

> 如果上帝不能创造出这样一块大石头，那么他不是万能的，因为他创造不出来；
>
> 如果上帝能够创造出这样一块大石头，那么他也不是万能的，因为他举不起来。

[**解析**] 当然也有人批评说，与其说这个论证是有力的，不如说是机智的，因为预设了“有一块石头上帝举不起来”。

**【案例】**2. 白骨精要吃唐僧肉，于是假装成良家女子。孙悟空火眼金睛，知道白骨精的真面目。他认为必须打死妖精，但是面临二难：

如果打死妖精，师父会把我赶走；

如果不打死妖精，妖精会把师父吃掉。

［解析］这里包含了一个二难：打死或不打死妖精，都会使孙悟空为难。

**2. 二难推理的常用形式。**

二难推理的逻辑形式是一种假言选言推理，它由两个以上的假言命题和一个选言命题构成前提。常用推理形式有四种，即简单构成式、简单破坏式、复杂构成式、复杂破坏式。简单或复杂是指结论是简单命题（含一个支命题的负命题）还是复合命题；构成式又叫肯定式，破坏式又叫否定式，是指选言命题的前提和结论是通过对两个假言命题的前后件的肯定或否定得到的。



（1）简单构成式：

$p \rightarrow r$

$\neg p \rightarrow r$

$p \vee \neg p$

总之，$r$

（2）简单破坏式：

$p \rightarrow q$

$p \rightarrow r$

$\neg q \vee \neg r$

总之，$\neg p$

（3）复杂构成式：

$p \rightarrow q$

$r \rightarrow s$

$p \vee r$

总之，$q \vee s$

（4）复杂破坏式：

$p \rightarrow q$

$r \rightarrow s$

$\neg q \vee \neg s$

总之，$\neg p \vee \neg r$

**【案例】**1. 战国时期，秦国的宣太后非常宠爱魏丑夫。宣太后病重，临死前下令死后让魏丑夫为她殉葬。很多大臣都劝太后收回成命，太后不听，魏丑夫听后非常害怕。庸芮进宫去见太后。他问太后："人死后有没有感知？"太后摇了摇头，回答说："没有感知。"庸芮说："如果人死后没有感知，那就没有必要将生前所爱的人殉葬在没有感知的人身旁了。"太后不语，心想："我刚才说有感知就好了。"庸芮早就猜出太后的心思，接着说："如果人死后有感知，您让魏丑夫为您殉葬，先帝在九泉之下会因此而恼怒的。所以，臣以为不应该让魏丑夫为您殉葬。"宣太后点了点头说："好！"于是收回了让魏丑夫殉葬的成命。

**［解析］**庸芮用了一个二难推理。

**【案例】**2. 周厉王是一个十分残暴的君主。他宠信一个名叫荣夷公的大臣，到处搜刮钱财，霸占了很多资源，民不聊生。大夫芮良夫曾进谏，但大王不听。芮良夫进谏后，受到大王冷落，被同僚疏远。他想回家务农，但是务农也有问题，大王苛政，民不聊生。怎么办？他把自己的感受写进一首诗《桑柔》中："人亦有言，进退维谷"。这里的"维"作"是"解，"谷"就是"穷""困难"的意思。

关于"进退维谷"，《红楼梦》第六十四回也有一个情节，讲到贾宝玉从林黛玉的丫鬟那里得知林黛玉在私室里用瓜果祭奠。贾宝玉想："大约必是七月因为瓜果之节，家家都上秋祭的坟，林妹妹有感于心，所以在私室自己祭奠……"怎么办？贾宝玉心想："但我此刻走去，见她伤感，必极力劝解，又怕他烦恼郁结于心；若竟不去，又恐他过于伤感，无人劝止；两件皆足致疾……"

**［解析］**芮良夫、贾宝玉心里也存在二难。

**【案例】**3. 有一次，东方朔偷饮了汉武帝求得的据说饮了能不死的酒，汉武帝要杀他。东方朔据理力争，说："如果这酒真的能使人不死，那么你就杀不死我；如果你能杀得死我，说明这酒不能使人不死，它就没有什么用处，而我就被你冤杀了；这酒或者使人不死，或者不能使人不死；所以，你或者杀不死我或者不能杀我。"汉武帝认为他说得有理，就放了他。

**［解析］**如果酒是真的"不死之酒"，你就杀不死我；如果你能杀死我，就证明你的酒不是"不死之酒"，就不应该杀我。

**【案例】**4. 美国总统里根在任期间，他的政府背着国会秘密与伊朗进行了武器交易，这在美国是严重的违法事件。1986 年经媒体曝光后，全国哗然，抗议的声音铺天盖地。人们把它称为"水门事件"之后的最大丑闻——伊朗门事件。里根为了洗白自己，采取丢卒保车的方法，他先后抛出几个替罪羊，但是媒体仍穷追不舍。在一次记者招待会上，一名聪明的记者抓住机会向里根发问："里根先生，您作为总统，是否事先知道伊朗门事件？""我……"里根的脸红一阵白一阵，半天说不出话来。

**[解析]** 里根遇到了高手，这一招他招架不了，因为在记者的话中隐含了一个二难推理：

> 如果里根总统事先知道伊朗门事件，那么，总统本人是严重违法的，必须受到法律的追究；
>
> 如果里根总统事先不知道伊朗门事件，那么，总统是严重失职，因为他竟不知道下属在干什么，这样的总统是不能够信任的。
>
> 里根总统要么知道，要么不知道，
>
> 总之，他要么是严重违法的，要么是严重失职的。





**【案例】**5. 元朝的姚燧写过一首散曲《越调·凭阑人·寄征衣》，描写妻子给丈夫寄征衣时的心理活动。原文是这样的："欲寄君衣君不还，不寄君衣君又寒，寄与不寄间，妾身千万难。"

**[解析]**"寄与不寄间"，为什么感到难？这里也包含了一个二难推理。

**【案例】**6. 张养浩是元代的散曲家，天历二年（1329年），关中大旱，饥民相食。张路经潼关，目睹百姓的苦难，心情沉重地写了《中吕·山坡羊·潼关怀古》这首小令："峰峦如聚，波涛如怒，山河表里潼关路。望西都，意踌躇。伤心秦汉经行处，宫阙万间都做了土。兴，百姓苦；亡，百姓苦！"

**[解析]** 诸侯争霸，战火连绵，王朝不断兴衰更替，宫阙有毁有成。兴则大兴土木，刮尽民脂民膏；亡则兵连祸结，生灵涂炭。这里有一个二难：无论国家兴亡，百姓都深受其害。

**【案例】**7. 两亲家好开玩笑。一次，一家办喜事，宴请亲家，请柬上写道："来就是好吃，不来就是见外。"结果亲家还是大大方方地来参加宴会，带了一份礼物，礼单上写道："收下就是爱财，不收就是嫌礼轻。"

**[解析]** 两方都是用了二难推理的复杂构成式。

**【案例】**8. 如果李生喜欢表演，那么他报考戏剧学院；如果他不喜欢表演，那么他可以成为戏剧理论家；如果他不报考戏剧学院，那么他不能成为戏剧理论家。

由此可推出李生：

A. 不喜欢表演。

B. 可以成为戏剧理论家。

C. 不报考戏剧学院。

D. 报考戏剧学院。

[**解析**] 正确答案：D。题干中有一个二难推理：不喜欢表演但想成为戏剧理论家要报考戏剧学院，喜欢表演也要报考戏剧学院，总之都是要报考戏剧学院。

**【案例】**9. 威尼斯面临的问题具有典型性。一方面，为了解决市民的就业，增加城市的经济实力，必须保留并发展它的传统产业，这是旅游业所不能替代的经济发展的基础；另一方面，为了保护其独特的生态环境，必须杜绝工业污染，但是，发展工业将不可避免地导致工业污染。

以下哪项从上述断定中推出？

A. 威尼斯不可避免地面临经济发展的停滞或生态环境的破坏。

B. 威尼斯市政府的正确决策应该是停止发展工业以保护生态环境。

C. 威尼斯市民的生活质量只能依赖于经济和生态环境。

D. 旅游业是威尼斯经济收入的主要来源。

E. 如果有一天威尼斯的生态环境受到了破坏，这就是为发展经济所付出的代价。

[**解析**] 正确答案：A。促进经济，那么发展工业；发展工业，就导致污染；保护生态，那么就要杜绝污染。这就出现了二难。

**3. 二难推理的破斥。**

（1）推理形式评估。

因为二难推理是以假言命题和选言命题为前提的，所以是假言推理和选言推理的结合。因此，必须遵守假言推理和选言推理的规则。比如：充分条件假言推理遵守肯定前件式和否定后件式的推理形式；结论与前提中的选言命题一致。

（2）前提审查。

所有前提必须真实。要考察充分条件是不是充分的，选言支是否穷尽所有可能。比如：

> 这个山头如果从正面攻不下来，是因为正面是敌人的主力兵团所在；
> 也不能从左右两翼攻击敌人，左右两翼易守难攻；
> 所以，无论如何都攻不下来。

这里选言支没有穷尽所有的可能性。

(3) 构造相反的二难推理。

如果有人论证：

如果成绩好，就不用努力学习，不努力照样好；
如果成绩不好，也不用努力学习，努力也白费；
无论成绩好还是不好，都不用努力学习。

就可以提出一个针锋相对的二难推理进行破斥：

如果成绩好，也要努力学习，努力可以使成绩更好；
如果成绩不好，也要努力学习，努力学习可以缩小差距；
总之，无论成绩好不好，都要努力学习。



## 四、假言联言推理

假言联言推理是前提为假言命题和联言命题，结论为联言命题的推理。其推理形式为：

(1) $p \to q$

$r \to s$

$p \land r$

$\therefore q \land s$

(2) $p \to q$

$r \to s$

$\neg q \land \neg s$

$\therefore \neg p \land \neg r$

## 五、反三段论

反三段论是几个前提蕴含一个结论，如果结论为假，其他前提都真，那么剩下那个前提就是假的。其推理形式为：

$$((p \land q) \to r) \to ((\neg r \land p) \to \neg q)$$

$$((p \land q) \to r) \to ((\neg r \land q) \to \neg p)$$

**【案例】** 1. 只要天上有太阳并且气温在零度以下，街上总有很多人穿着皮夹克；只要下着雨并且气温在零度以上，街上总有人穿着雨衣。有时有太阳的同时下着雨。

如果上述断定为真，则以下哪一项一定为真？

A. 有时街上会有人在皮夹克外面套着雨衣。

B. 如果街上有很多人穿着皮夹克但没有下雨，则天上一定有太阳。

C. 如果气温在零度以下，并且街上没有多少人穿着皮夹克，则一定下着雨。

D. 如果气温在零度以上但街上没有人穿雨衣，则一定没有下雨。

［**解析**］正确答案：D。根据第二句话推出的一个反三段论。

【**案例**】2. 如果丽达和露丝不去墨西哥，那么尤思去纽约。

以此为前提，再加上以下哪个条件，就可以推出丽达去墨西哥的结论？

A. 尤思去纽约，露丝不去墨西哥。

B. 尤思不去纽约，露丝去墨西哥。

C. 露丝不去墨西哥。

D. 露丝不去墨西哥，尤思不去纽约。

E. 尤思不去纽约。

［**解析**］正确答案：D。一个反三段论推理，结论为假，至少前提之一为假。"如果丽达和露丝不去墨西哥，那么尤思去纽约"等价于其逆否命题："如果尤思不去纽约，那么丽达和露丝至少一个人去墨西哥。"根据露丝不去墨西哥，可以推出丽达要去墨西哥。

【**案例**】3. 如果品学兼优，就能获得奖学金。

假设以下哪项，能根据上述断定得出"李桐学习欠优"的结论？

A. 李桐品行优秀，但未获得奖学金。

B. 李桐品行优秀，并且获得了奖学金。

C. 李桐品行欠优，未获得奖学金。

D. 李桐品行欠优，但获得了奖学金。

E. 李桐并非品学兼优。

［**解析**］正确答案：A。题干断定：品行优秀并且学习优秀，那么就能获得奖学金。等价的逆否命题是：品行欠优，或者学习欠优，就不能获得奖学金。

## 六、归谬推理

一个命题推出了逻辑矛盾或明显为假的命题，那么这个命题本身就是假的。因为后件作为矛盾命题肯定是假的，所以前提就是假的。

$((p \to q) \wedge (p \to \neg q)) \to \neg p$

$p \to (q \wedge \neg q) \to \neg p$

**【案例】** 1. S和K的代表团都没有参加某国际会议。事前，D和K的代表团公开宣布，如果T的代表团参加了这个会议，这两国中的一个或两个不会出席会议，D和K的政府是强烈反对T的联盟。与此相应，S的代表团公开宣布，如果D和K的代表团都不出席的话，S代表团就一定出席会议。

如果上面陈述正确，且所有代表团都信守其公开声明，以下也一定正确的是：

A. D代表团参加了会议。

B. D代表团没有参加会议。

C. S政府没有强烈地反对T。

D. T代表团没有参加会议。

E. T代表团没有针对是否参加会议发表过公开声明。

[**解析**] 正确答案：A。

首先把题目符号化：

(1) $\neg S \wedge \neg K$

(2) $T \to (\neg D \vee \neg K)$

(3) $(\neg D \wedge \neg K) \to S$

再进行推理：

(4) $\neg S$

(5) $\neg(\neg D \wedge \neg K)$

(6) $D \wedge K$

(7) $\neg K$

(8) D

即D代表团出席了会议。这里没有用到前提（2）。

**【案例】** 2. 根据一种心理学理论，一个人要快乐就必须和周围的人保持亲密的关系。但是，世界上伟大的画家们往往是在孤独中度过了他们的大部分时光，并且没有亲密的人际关系。所以，上述论证是不成立的。

以下哪项最有可能是上述论证所假设的？

A. 该心理学理论是为了揭示内心体验与艺术成就的关系。

B. 有亲密人际关系的人几乎没有孤独的时候。

C. 孤独对于伟大的画家来说是必需的。

D. 有些著名画家有亲密的人际关系。

E. 获得伟大成就的艺术家不可能不快乐。

[解析] 正确答案：E。只有预设了获得伟大成就的艺术家是快乐的，题干中的推论才不成立。“一个人要快乐就必须和周围的人保持亲密的关系”可以看作一个充分条件假言命题。艺术家没有和周围的人保持亲密的关系，但仍然快乐。前件真和后件假，就否定了题干的说法。推理形式如下：

$$\neg(p \rightarrow q) \longleftrightarrow p \wedge \neg q$$

## 第七节　真值表及其作用

### 一、什么是真值表

真值表是用来表示和判定复合命题及其逻辑形式的真值及推理的有效性的表格。前面在介绍各种基本的复合命题形式的时候，介绍过简单的真值表的画法，这里要介绍复杂的真值表的画法及其判定问题。

### 二、真值表的画法

要根据真值形式以确定表格的行数和列数，行数取决于简单变元的数量，列数取决于复杂真值形式分解后得到的真值形式的个数。比如：

$$((p \wedge q) \rightarrow r) \rightarrow ((\neg r \wedge q) \rightarrow \neg p)$$

行数：简单变元是 p、q、r 三个，真值表就有 $2^3$ 行，即有 8 行。每个变元有真、假两种可能性，3 个变元就有 8 种组合。加上表头 1 行，共有 9 行。

列数：对这个总公式进行分解，分解到变元，从简单到复杂排列。

第一步，先把总公式分解为：

$$(p \wedge q) \rightarrow r,\ (\neg r \wedge q) \rightarrow \neg p$$

第二步，再把两个公式分别进行分解，得到：

$$p \wedge q, r, \neg r \wedge q, \neg p$$

第三步，进一步分解：

$$p,\ q,\ r,\ \neg r,\ q,\ \neg p$$

第四步，从简单到复杂排列：

p，q，r，¬p，¬r，p∧q，¬r∧q，(p∧q)→r，(¬r∧q)→¬p，((p∧q)→r)→((¬r∧q)→¬p)

总共有10列。

| p | q | r | ¬p | ¬r | p∧q | ¬r∧q | p∧q→r | (¬r∧q)→¬p | ((p∧q)→r)→((¬r∧q)→¬p) |
|---|---|---|---|---|---|---|---|---|---|
| T | T | T | F | F | T | F | T | T | T |
| T | T | F | F | T | T | T | F | F | T |
| T | F | T | F | F | F | F | T | T | T |
| T | F | F | F | T | F | F | T | T | T |
| F | T | T | T | F | F | F | T | T | T |
| F | T | F | T | T | F | T | T | T | T |
| F | F | T | T | F | F | F | T | T | T |
| F | F | F | T | T | F | F | T | T | T |





## 三、真值表的判定作用

**1. 真值表可以用来定义真值联结词的性质。**

前面我们讲过的各种复合命题的真值表，都可以用来定义真值联结词的性质。比如，必要条件假言命题的真值表就可以用来定义逆蕴含的性质。一个逆蕴含真，当且仅当前件真或后件假。

| p | q | p←q |
|---|---|---|
| T | T | T |
| T | F | T |
| F | T | F |
| F | F | T |

**2. 真值表可以用来判定真值形式的逻辑性质。**

比如前面列举的复合命题的真值表。从最后一列看，真值是全部真，说明这个公式是永真式或重言式。如果最后一列都是假的，则它是永假式或矛盾式；如果有真有假，则是可满足式。

**3. 真值表可以用来判定几个命题之间的关系。**

判定命题之间是等值还是矛盾，或是其他关系。

比如，判定下列几个形式之间的逻辑关系：

$\neg(p\wedge q)$，$(p\wedge q)$，$\neg p\vee\neg q$

| p | q | ¬p | ¬q | p∧q | ¬（p∧q） | ¬p∨¬q |
|---|---|---|---|---|---|---|
| T | T | F | F | T | F | F |
| T | F | F | T | F | T | T |
| F | T | T | F | F | T | T |
| F | F | T | T | F | T | T |

可见，$\neg(p\wedge q)$ 与 $(p\wedge q)$ 为矛盾关系，而与 $\neg p\vee\neg q$ 为同一关系。

**4. 真值表可以用来判定复合推理的有效性。**

比如前面讲到真值表中的例子：$((p\wedge q)\rightarrow r)\rightarrow((\neg r\wedge q)\rightarrow\neg p)$。

由它反映的推理就是有效的。前面我们已经讲过，它是反三段论的有效推理形式。

## 四、简化的真值表法：归谬赋值法

简化的真值表法是在复合命题形式上进行赋值，用来判定命题是不是重言式，推理是不是有效。

对于一个推理，我们可以将其写成一个前提和结论之间的蕴含式，用归谬赋值法进行检验。比如：

$(p\rightarrow q)\wedge p\rightarrow q$

运用归谬赋值法，假设该公式为假，看能否推出矛盾。如果推出矛盾，就说明为重言式，反映的推理就是有效的；否则就不是重言式，不是有效的推理。

$(p\rightarrow q)\wedge p\rightarrow q$
F T F T T F F

可见，p 的赋值出现了矛盾，所以假设它假不成立。此公式为重言式，反映的推理是有效的。

## 一、思考题

1. 什么叫复合命题？复合命题与简单命题有哪些区别？
2. 复合命题的种类有哪些？其逻辑特征是什么？
3. 充分条件假言命题和必要条件假言命题是如何转化的？
4. 联言推理的有效式有哪些形式？
5. 相容选言推理和不相容选言推理的区别是什么？
6. 什么是负命题？负命题及其等值命题的公式有哪些？
7. 如何画真值表？真值表在逻辑上有哪些作用？



## 二、练习题

1. 下列命题是何种复合命题？请写出它们的逻辑形式。

（1）并非旅行团明天或者去纽约，或者去旧金山。

（2）必须学好专业知识，也必须学好逻辑学。

（3）鲸鱼集体自杀的原因，或者是海水污染，或者是迷失了方向。

（4）没有文化就学不好马克思主义。

（5）理论一旦为群众所掌握，就会变成巨大的物质力量。

（6）人不犯我，我不犯人；人若犯我，我必犯人。

2. 请写出下列命题的矛盾命题和等值命题。

（1）并非小王是特种兵，或者专业运动员。

（2）只有不吃川菜的人才吃粤菜。

（3）要么战胜困难，要么为困难所战胜。

（4）如果商品不畅销，那么它或者不价廉或者不物美。

（5）一个三角形是等边三角形，当且仅当它是等角三角形。

3. 写出下列推理的种类，写出其结构式，并分析其是否正确。

（1）除非阳光充足，否则庄稼不会长得很好；长龙乡的庄稼长得特别好；所以，那里阳光肯定很充足。

（2）只要子弹是从窗外射入，就会在窗面上留下弹痕；子弹不是从窗外射入的；因此，子弹不是从窗外射入的。

（3）如果天下雨，那么地是湿的；现在地是湿的；所以，肯定下雨了。

4. 画出以下结构式的真值表。

（1）$(p \to q) \to (\neg p \lor q)$

(2) $(p\wedge q)\to(p\vee\neg q)\wedge(q\vee\neg p)$

(3) $(((p\wedge q)\to r)\to(\neg r\wedge\neg q))\to p$

5. 辨析题。

(1) 要么采取紧缩的财政政策，要么采取扩张的财政政策。由于紧缩的财政政策会导致更多的人下岗，所以，必须采取扩张的财政政策。

以下哪一问题，对评判上述论证最重要？

A. 紧缩的财政政策是否还有其他不利影响？

B. 既不是紧缩的也不是扩张的财政政策是否存在？

C. 扩张的财政政策能否使就业率大幅度提高？

D. 扩张的财政政策是否会导致其他的不利后果？

(2) 张华是甲班学生，对围棋感兴趣。该班学生或者对国际象棋感兴趣，或者对军棋感兴趣；如果对围棋感兴趣，则对军棋不感兴趣；因此，张华对中国象棋感兴趣。

以下哪项可能是上述论证的假设？

A. 如果对国际象棋感兴趣，则对中国象棋感兴趣。

B. 甲班对国际象棋感兴趣的学生都对中国象棋感兴趣。

C. 围棋和中国象棋比军棋更具挑战性。

D. 甲班学生感兴趣的棋类只限于围棋、国际象棋、军棋和中国象棋。

E. 甲班所有学生都对中国象棋感兴趣。

(3) 已知选言判断“一份统计材料有错误，或是因为计算有误，或是因为原始数据错误”为真，如果“这份材料确实有错误”，加上下列哪项可以推出“这份统计材料原始数据有错误”？

A. 这份统计材料计算没有错误。

B. 这份统计材料计算有错误。

C. 这份统计材料可能有错误。

D. 这份统计材料可能没有错误。

(4) 我国已故著名逻辑学家金岳霖小时候听到“金钱如粪土”“朋友值千金”这两句话后，发现有逻辑问题，因为由它们也可以推出“朋友如粪土”的结论。

既然“朋友如粪土”这个结论不成立，于是从逻辑上可以推出：

A. “金钱如粪土”这一说法是假的。

B. 如果朋友确实值千金，那么金钱并非如粪土。

C. “朋友值千金”这一说法是真的。

D. “金钱如粪土”“朋友值千金”这两句话都是真的，或者都是假的。

(5) 在青崖山区，通过无线广播电台进行密集的广告宣传，商品将迅速获得最大程度的知名度。

由上述断定最可能得出以下哪项结论？

A. 在青崖山区，无线广播电台是商品打开市场的最主要的途径。

B. 在青崖山区，高知名度的商品将拥有众多消费者。

C. 在青崖山区，无线广播电台的广告宣传可以使商品的信息传到每户人家。

D. 在青崖山区，某一商品为了迅速获得最大程度的知名度，除了通过无线广播电台进行密集的广告宣传外，不需要用其他宣传工具做宣传。

E. 在青崖山区，某一商品的知名度与其性能和质量的关系很大。



(6) 到目前为止，核威慑政策是成功的。第二次世界大战结束后，对毁灭性的核战争的恐惧，使拥有核武器的超级大国都不敢轻易动用它。超级大国之间的第三次世界大战还未爆发就足以证明这一点。

以下哪一项为真，就能指出上述论证中的错误？

A. 保持一个较高水平的核武器装备会拖垮一个国家的经济。

B. 根据以前的经验，我们无法对未来做出任何确定的预测，一个小的事故也可触发第三次世界大战。

C. 超出核威慑所需要的最小的武器量而继续制造核武器，会增加出现事故的可能性。

D. 第二次世界大战结束以后，在超级大国之间曾经爆发了多起小规模武装冲突，但都相互克制以防止大的冲突。

E. 现在还不知道没有发生核冲突的原因是否真的就是核威慑的作用，也许是一些其他因素，比如认识到和平的经济价值。

(7) 某咨询师说：“每年我国大学的排行榜都会刊登在一个流行的杂志上。这个排行榜是根据各项指标按照不同的分值进行综合后的总分排定的。但是，这个总分不能被学生作为报考大学的根据。”

下列哪项最有助于判断咨询师的看法？

A. 大多数购买这本有大学排行榜的杂志的人都是能够进入大学的学生。

B. 那些排名在前的大学用此做广告来吸引更多的学生。

C. 近些年大学的排名变化不大。

D. 不同的学生由于专业的不同对排行榜的标准要求也不同。

E. 一些对自己所上大学满意的学生在报考大学之前曾经参考过这个排

行榜。

（8）20 世纪 90 年代初，小普村镇建立了洗涤剂厂，虽然当地村民因此提高了收入，但工厂每天排出的大量污水使村民忧心忡忡：如果工厂继续排放污水，他们的饮用水将被污染，健康将受到影响。然而，这种担心是多余的。因为 1994 年对普村镇的村民进行健康检查发现，几乎没有人因为饮用水污染而患病。

以下哪项为真，最能质疑上述论证？

A. 1994 年，洗涤剂厂排放的污水量是历年中较少的。

B. 1994 年，小普村镇的村民并非全体参加健康检查。

C. 1994 年，洗涤剂厂的产量减少了。

D. 合成洗涤剂污染饮用水导致的疾病多年以后才能显现出来。

E. 合成洗涤剂污染饮用水导致的疾病与一般疾病相比更难检测。

（9）市长：在过去五年中的每一年，这个城市都削减教育经费，并且每次学校领导都抱怨，减少教育经费可能会迫使他们减少基本服务的经费。但实际上，每次仅仅是减少了非基本服务的费用。因此学校领导能够进一步削减经费，而不会减少任何基本服务的经费。

下列哪项为真，最能支持该市长的结论？

A. 该市的学校提供基本服务总是和提供非基本服务一样有效。

B. 现在，充足的经费允许该市的学校提供某些非基本服务。

C. 自从最近削减学校经费以来，该市学校对提供非基本服务的价格预期实际上没有增加。

D. 几乎没有重要的城市管理者支持该市学校昂贵的非基本服务。

E. 该市学校领导几乎不夸大经费削减的潜在影响。

（10）莱布尼茨是 17 世纪伟大的哲学家，他先于牛顿发表了他的微积分研究成果。但是，当时牛顿公布了他的私人笔记，证明他至少在莱布尼茨发表其成果的 10 年前已经运用了微积分的原理。牛顿还说，在莱布尼茨发表其成果的不久前，他给莱布尼茨的信中谈起过关于微积分的思想。但是事后的研究说明，牛顿的这封信中，有关微积分的几行字几乎没有涉及这一理论的任何重要之处。因此，可以得出结论，莱布尼茨和牛顿各自独立地发现了微积分。

以下哪项是上述论证必须假设的？

A. 莱布尼茨在数学方面的才能不亚于牛顿。

B. 莱布尼茨是个诚实的人。

C. 没有第三个人不迟于莱布尼茨和牛顿独立地发现了微积分。

D. 莱布尼茨在发表微积分研究成果前从没有把其中的关键性内容告诉任何人。

E. 莱布尼茨和牛顿都没有从第三渠道获得关于微积分的关键性细节。

(11) 在西西里的一处墓穴中，发现了一只陶瓷花瓶。考古学家证实这只花瓶原产自希腊，墓穴主人生活在 2 700 年前，是当时的一个统治者。因此，这说明在 2 700 年前西西里和希腊已有贸易往来。

上述推理还需加上以下哪项，才能得出“2 700 年前西西里和希腊已有贸易往来”的结论？

A. 当时西西里匠人的水平不及希腊人的水平。

B. 当时用来制造陶瓷的材料，西西里产的和希腊产的不一样。

C. 这只花瓶不是墓穴主人的后代放进去的。

D. 墓穴主人活着的时候就有大批商队来往于西西里和希腊之间。

E. 考古学家的说法是错误的。

(12) 洛杉矶这样的美国西部城市，几乎是和私人汽车业同步发展起来的，它的城市布局和风格明显带有相应的特点。由于有了私人汽车，住宅都散布在远离工作地点的地方；为了留出足够的停车空间，商业街的周边会减少树木绿化带。因此，如果私人汽车当初不发展，洛杉矶这样的城市会是另外一种完全不同的风格。

以下哪项对上述论证的评价最为恰当？

A. 上述论证不恰当地假设了美国人可以接受没有私人汽车的生活。

B. 上述论证不恰当地依据某个特例，轻率地概括出一般性的结论。

C. 上述论证不恰当地把某个结果归结为一个原因，并且仅仅归结为一个原因。

D. 上述论证忽视了当原因发生变化时，相应的结果也会发生变化。

E. 上述论证忽视了同一种原因在不同的条件下也会产生不同的结果。

(13) 世界乒乓球锦标赛男子团体决赛之前，S 国的教练在排兵布阵：如果 4 号队员的竞技状态好，并且伤势已经痊愈，那么让 4 号队员上场；4 号队员不能出场时，才派 6 号队员出场。

如果决赛时 6 号队员出场，则以下哪项一定为真？

A. 4 号队员伤势比较严重。

B. 4 号队员的竞技状态不好。

C. 6 号队员没有受伤。

D. 如果 4 号队员伤已痊愈，那么他的竞技状态不好。

（14）参加跆拳道运动的人通常比不参加跆拳道运动的人身体更健康，因此，跆拳道运动有助于增进健康。

以下哪一项如果为真，最能构成对上述结论的质疑？

A. 每年都有少数人在跆拳道运动中因意外事故而受伤。

B. 跆拳道运动能够训练人的反应能力，增强人的敏捷度。

C. 只有身体健康的人才能参加跆拳道运动。

D. 男子比女子更喜爱跆拳道运动。

（15）利什曼病是一种传染病，这种病是通过沙蝇叮咬患病的老鼠后再咬人而传染的。在某地区建设一个新的城镇时，虽然在该地区利什曼病和沙蝇都是常见的，流行病专家却警告说，加强灭鼠的力度以减少老鼠的数量，这种做法弊大于利。

以上陈述如果为真，则以下哪项最好地证实了专家的警告？

A. 感染利什曼病的老鼠直接把病传染给人的机会很少。

B. 利什曼病在老鼠中的传染性比在人群中的传染性要强。

C. 不传染利什曼病的沙蝇对人类的健康危害不大。

D. 沙蝇只有在老鼠的数量不足时才会叮咬人。

（16）不入虎穴，焉得虎子。

以下哪项与如上陈述最不接近？

A. 只有入虎穴，才能得虎子。

B. 除非入虎穴，否则不能得虎子。

C. 或者入虎穴，或者不能得虎子。

D. 不入虎穴，也可以得到虎子。

（17）在美国，比较复杂的民事案件往往超出陪审团的理解力，导致陪审团对此做出的裁决经常是错误的。因此，有人建议，涉及较复杂的民事审判由法官而不是陪审团来决定，将提高司法部门的服务质量。

上述建议依据下列哪项假设得出？

A. 大多数民事审判的复杂性超出了陪审团的理解力。

B. 法官在决定复杂民事案件的时候，对那些审判的复杂性比陪审团的人员有更好的理解。

C. 在美国以外的一些具有相同法系的国家，也早就有类似的提议，并有付诸实施的记录。

D. 即使涉及不复杂的民事审判，陪审团的决定也常常出现差错。

E. 赞成由法官决定民事案件的唯一理由是想象法官的决定几乎总是正确的。

(18) 麦老师：只有博士生导师才能担任学校“高级职称评定委员会”评委。

宋老师：不对。董老师是博士生导师，但不是“高级职称评定委员会”评委。

宋老师的回答说明他将麦老师的话错误地理解为：

A. 有的“高级职称评定委员会”是博士生导师。

B. 董老师应该是“高级职称评定委员会”评委。

C. 只要是博士生导师，就是“高级职称评定委员会”评委。

D. 并非所有的博士生导师都是“高级职称评定委员会”评委。

E. 董老师不是学科带头人，但他是博士生导师。



(19) 在镇压太平天国之后，曾国藩在奏折中请求朝廷遣散湘军，但对他个人的去留问题却只字未提。因为他知道，如果在奏折中自己要求留在朝廷中效力，就会有贪权之疑；如果在奏折中请求解职归乡，就会给朝廷留下他不愿意继续为朝廷尽忠的印象。

以下哪项中的推理与上文中的最相似？

A. 在买入人寿保险的人当中，如果你有平安的好运气，就会给你带来赔钱的坏运气；如果你有不平安的坏运气，就会给你带来赢钱的好运气。正反相生，损益相成。

B. 一位贫穷的农民喜欢这样教导他的孩子们：“在这个世界上，你不是富就是穷，不是诚实就是不诚实；由于所有穷人都是诚实的，所以，每个富人都是不诚实的。”

C. 在处理雍正王朝的一次科场舞弊案中，如果张廷玉上奏折主张杀张廷璐，会使家人认为他不义；如果张廷玉上奏折主张保张廷璐，会使雍正认为他不忠。所以张廷玉在家装病，迟迟不上奏折。

D. 在梁武帝和萧宏这对兄弟之间，如果萧宏放弃权力而贪念钱财，梁武帝就不担心他会夺权；如果萧宏既贪财又夺权，梁武帝就会加以防范。因此，尽管萧宏敛财无度，梁武帝还是非常信任他。

(20) 2007 年夏秋季节，为了缓解日益严重的交通压力，堵车十分严重的北京、上海和武汉等大城市纷纷开展“无车日”活动，即提倡市民在这一天不开车，乘坐公共交通工具出行。然而，公共交通管理部门的专家对这个活动持消极态度。他们指出：由于没有强制性的规定，是否开私家车出行全凭自愿。平时开私家车出行的市民会认为，如果只有个别人响应号召，自己去挤公交，交通依然不畅，还不如坐在自己的车里舒服；如果绝大部分市民响应号召坐公交车，那么路面十分畅通，自己正好可以开私家车。

请问以下哪一项最可能是这些专家想得出的结论？

A. 广大市民应该加强自律，为全市人民考虑，尽可能乘坐公共交通工具出行。

B. 应该实行单双号车牌限制，这样就可以大大缓解交通压力。

C. 进一步降低公交费用，从而引导市民乘坐公交车。

D. 没有配套的限制性或引导性措施，“无车日”活动不可能减少路面上行驶的私家车。

(21) 张先生：应该向吸烟者征税，用以弥补医疗保健事业的投入不足，因为正是吸烟导致了许多严重的疾病。要吸烟者承担一部分费用，来应对因他们的不良习惯而造成的健康问题，是完全合理的。

李女士：照您这么说，如果您经常吃奶油蛋糕或者肥猪肉，也应该纳税。如同吸烟一样，经常食用高脂肪、高胆固醇的食物同样会导致许多严重的疾病。但是没有人会认为这样做是合理的，并且危害健康的不良习惯数不胜数，如果都征税，实际上无法操作。

以下哪项最为恰当地概括了李女士的反驳所使用的方法？

A. 举出一个反例说明对方的建议虽然合理但无法操作。

B. 指出对方对一个关键性概念的界定和运用有误。

C. 提出一个和对方不同的解决问题的方法。

D. 从对方的论据得出一个明显是荒谬的结论。

E. 对对方在论证中所运用的信息的准确性提出质疑。

# 第五章　模态逻辑

关于模态逻辑的定义，一般认为模态逻辑是包含模态命题的逻辑。模态命题又是包含模态词的命题，以模态词的性质为推理的依据。模态词是对命题的一种态度或对客观事物情形的一种描述，比如：可能、必然、应当、允许等。我们在这里主要介绍两种常用的模态命题及其推理：狭义模态命题和规范模态命题，以下简称为模态命题和规范命题。

## 第一节　模态命题及其推理

### 一、什么是模态命题

模态命题是包含模态词的命题。比如：

只要持之以恒，任何奇迹都是可能的。

一个从来没有失败过的人，必然是一个从未尝试过什么的人。

四种模态命题的表示法：

| 名称 | 形式 |
| --- | --- |
| 必然肯定命题 | 必然 p |
| 必然否定命题 | 必然 ¬p |
| 可能肯定命题 | 可能 p |
| 可能否定命题 | 可能 ¬p |

### 二、模态命题之间的关系

模态命题之间的关系可以用一个逻辑方阵图来表示：

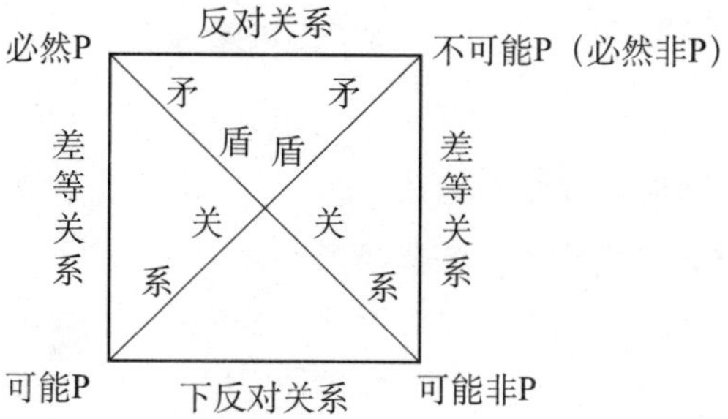


反对关系：同假，不同真。
矛盾关系：不同假，不同真。
下反对关系：同真，不同假。
差等关系：上真下真，下假上假。

## 三、模态推理

依据逻辑方阵，可以构造出以下的推理形式：

（1）依据反对关系：必然 p→并非必然¬p
　　　　　　　　　必然¬p→并非必然 p

（2）依据下反对关系：不可能 p→可能¬p
　　　　　　　　　　不可能¬p→可能 p

（3）依据矛盾关系：必然 p←→不可能¬p
　　　　　　　　　可能¬p←→不必然 p
　　　　　　　　　必然¬p←→不可能 p
　　　　　　　　　可能 p←→不必然¬p

（4）依据差等关系：必然 p→可能 p
　　　　　　　　　必然¬p→可能¬p
　　　　　　　　　不可能 p→不必然 p
　　　　　　　　　不可能¬p→不必然¬p

## 四、必然、实然和可能之间的关系

必然 p→p→可能 p
必然¬p→¬p→可能¬p
不可能 p→¬p→不必然 p
不可能¬p→¬¬p→不必然¬p

## 五、混合模态推理

（1）必然模态三段论：

绿色植物必然能进行光合作用，
海洋里的藻类必然是绿色植物，
所以，海洋里的藻类必然能进行光合作用。

推理形式如下：

必然 MAP，
必然 SAM，
必然 SAP。





（2）必然和可能模态三段论：

灵长类动物必然有发达的大脑，
那个小动物可能是灵长类动物，
所以，那个小动物可能有发达的大脑。

推理形式如下：

必然 MAP，
可能 SAM，
可能 SAP。

（3）必然和实然模态三段论：

所有在历史上产生的东西最终必然要灭亡，
资本主义制度是历史上产生的东西，
所以，资本主义制度最终必然要灭亡。

推理形式如下：

必然 MAP，
SAM，
必然 SAP。

（4）可能和实然模态三段论：

凡与被害人有仇的人都可能是作案凶手，
张某是与被害人有仇的人，

所以，张某可能是作案凶手。

推理形式如下：

可能MAP，
SAM，
可能 SAP。

**【案例】** 1. 一把钥匙能打开天下所有的锁，这样的万能钥匙是不可能存在的。

以下哪项最符合题干的断定？

A. 任何钥匙都必然有它打不开的锁。

B. 至少有一把钥匙必然打不开天下所有的锁。

C. 至少有一把锁天下所有的钥匙都必然打不开。

D. 任何钥匙都可能有它打不开的锁。

E. 至少有一把钥匙可能打不开天下所有的锁。

[**解析**] 正确答案：A。"不可能存在"就是一种否定，对"一把钥匙能打开天下所有的锁"的否定等于A项，涉及"不可能""必然"等模态词。

**【案例】** 2. 人都不可能不犯错误，不一定所有人都会犯严重错误。

如果上述断定为真，则以下哪项一定为真？

A. 人都可能会犯错误，但有的人可能不犯严重错误。

B. 人都可能会犯错误，但所有人都可能不犯严重错误。

C. 人都一定会犯错误，但有的人可能不犯严重错误。

D. 人都一定会犯错误，但所有人都可能不犯严重错误。

E. 人都可能会犯错误，但有的人一定不犯严重错误。

[**解析**] 正确答案：C。这里涉及模态词的问题。题干中说"人都不可能不犯错误"，等于"人一定会犯错误"，"不可能不"等于"一定"。后一句说"不一定所有人都会犯严重错误"，"不一定"等于"可能不"。

**【案例】** 3. 在银河系中，除地球外，不一定有高级生物居住的星球。

以下哪项与上述断定的含义最为接近？

A. 在银河系中，除地球外，一定有低级生物存在的星球。

B. 在银河系中，除地球外，所有的星球都一定没有高级生物居住。

C. 在银河系中，除地球外，所有的星球都可能没有高级生物居住。

D. 在银河系中，除地球外，可能还有高级生物居住的星球。

E. 在银河系中，除地球外，一定还有高级生物居住的星球。

[**解析**] 正确答案：C。题干中“不一定有高级生物居住的星球”，等于“所有星球都可能没有高级生物居住”。“不一定有”等于“都可能没有”。

**【案例】** 4. 某公司人力资源部人士指出：由于本公司招聘职位有限，在本次招聘考试中不可能所有的应聘者都被录用。

基于以下哪一项，可以得出该人士的上述结论？

A. 在本次招聘考试中，可能有应聘者被录用。

B. 在本次招聘考试中，必然有应聘者被录用。

C. 在本次招聘考试中，可能有招聘者不被录用。

D. 在本次招聘考试中，必然有应聘者不被录用。

E. 在本次招聘考试中，可能有应聘者被录用，也可能有应聘者不被录用。



[**解析**] 正确答案：D。题干中说“不可能所有的应聘者都被录用”，等于“必然有应聘者不被录用”。



## 第二节　规范命题及其推理

### 一、什么是规范命题

规范命题是含有规范模态词的命题。规范模态词如必须、允许、禁止等。这里主要讲两个规范模态词“必须”和“允许”。“禁止”等词可以用这两个词定义，“禁止”等于“不允许”。比如：

成年子女应当赡养父母。
男二十二周岁、女二十周岁可以结婚。

### 二、规范命题的符号表示法及其真假关系

（1）应当肯定：$Op$

（2）应当否定：$O\neg p$

（3）允许肯定：$Pp$

（4）允许否定：$P\neg p$

（5）禁止肯定：$Fp \longleftrightarrow \neg Pp$

(6) 禁止否定：$F\neg p \leftrightarrow \neg P\neg p$

规范命题也遵守逻辑方阵表示的各种关系：

(1) 反对关系：可同假，不同真。

(2) 矛盾关系：不同假，不同真。

(3) 下反对关系：可同真，不同假。

(4) 差等关系：上真下真，下假上假。

## 三、规范命题之间的关系

(1) 依据反对关系：$Op \rightarrow \neg O\neg p$

$O\neg p \rightarrow \neg Op$

(2) 依据下反对关系：$\neg Pp \rightarrow P\neg p$

$\neg P\neg p \rightarrow Pp$

(3) 依据矛盾关系：$Op \leftrightarrow \neg P\neg p$

$P\neg p \leftrightarrow \neg Op$

$O\neg p \leftrightarrow \neg Pp$

$Pp \leftrightarrow \neg O\neg p$

(4) 依据差等关系：$Op \rightarrow Pp$

$O\neg p \rightarrow P\neg p$

$\neg Pp \rightarrow \neg Op$

$\neg P\neg p \rightarrow \neg O\neg p$

## 四、规范三段论

(1) 应当规范三段论：

凡 M 应当 P，

凡 S 是 M，

所以，凡 S 应当 P。

(2) 允许规范三段论：

凡 M 允许 P，

凡 S 是 M，

所以，凡 S 允许 P。

(3) 禁止规范三段论：

凡 M 禁止 P，

凡 S 是 M，

所以，凡S禁止P。

## 一、思考题

1. 什么叫真值模态命题？如何分类？
2. 真值模态推理有哪些形式？
3. 什么是规范模态命题？如何分类？
4. 规范模态命题有哪些推理形式？

## 二、练习题

1. 所有错误决策都不可能不付出代价，但有的错误决策可能不造成严重后果。

如果上述断定为真，则以下哪项一定为真？

A. 有的正确决策也可能付出代价，但所有的正确决策都不可能造成严重后果。

B. 有的错误决策必然要付出代价，但所有的错误决策都不一定造成严重后果。

C. 所有的正确决策都不可能付出代价，但有的正确决策也可能造成严重后果。

D. 有的错误决策必然要付出代价，但所有的错误决策都可能不造成严重后果。

E. 所有的错误决策都必然要付出代价，但有的错误决策不一定造成严重后果。

2. 不可能所有的香港人都会讲普通话。

以下哪项判断的含义与上述判断最为接近？

A. 可能所有的香港人都会讲普通话。

B. 可能所有的香港人都不会讲普通话。

C. 必然有香港人会讲普通话。

D. 必然有香港人不会讲普通话。

3. 公司经理：我们招聘人才时最重视的是综合素质和能力，而不是分数。人才招聘中，高分低能者并不鲜见，我们显然不希望招到这样的“人才”。从你的成绩单可以看出，你的学业分数很高，因此，我们有点怀疑你的能力和综合素质。

以下哪项和经理得出结论的方式最为类似？

A. 某些歌手是演员，所有的演员都很富有，所以有些歌手可能不是很富有。

B. 猫都爱吃鱼，没有猫患近视，所以吃鱼可以防近视。

C. 闪光的物体并非都是金子，考古队员挖到了闪光的物体，所以考古队员挖到的不是金子。

D. 人的一生中健康开心最重要，名利都是浮云，张立名利双收，所以很可能张立并不开心。

E. 公司管理者并非都是聪明人，陈然不是公司管理者，所以陈然可能是聪明人。

4. 某学院行政管理专业本科有两个班。一班学生的学习成绩一般要比二班的学生好很多。田丰来自该学院的行政管理专业，他研究生第一学年的学习成绩是专业第一，因此，他原来肯定是一班的。

以下哪项与题干的论证方式最为类似?

A. 如果天下雨，那么地就会湿。现在地没有湿，所以天没有下雨。

B. 男性一般比女性要坚强。王强是男经理，因此，他一定比女经理坚强。

C. 在其他条件相近的情况下，如果一个人有好的人脉，就能在商界取得更多的成就。王炜在商界取得了出色的成就，因此，王炜有最好的人脉。

D. 儿童的心理教育比成年人更重要。张燕是从事成人心理教育工作的，因此，她的水平一定不如从事儿童教育工作的人。

E. 在球类运动员中，篮球队员一般要比足球运动员高。阎林在球员中是最高的，所以，他一定是篮球运动员。

5. 某大学举办围棋比赛。在第一轮淘汰赛后，进入第二轮的 6 位棋手实力相当。不过，还是可以分出高下。在已经进行的两轮比赛中，棋手甲战胜了棋手乙，棋手乙战胜了棋手丙。明天，棋手甲与棋手丙进行比赛。

请根据题干，从逻辑上预测比赛结果。

A. 棋手甲肯定会赢。

B. 棋手丙肯定会赢。

C. 两人将战成平局。

D. 棋手甲很可能赢，但也有可能输。

# 第六章　逻辑基本规律

逻辑基本规律与逻辑规律是不同层次的概念。逻辑规律包含逻辑基本规律，也包含逻辑学里的其他规律和规则，比如三段论的规则、有效的推理形式等。能够作为逻辑基本规律的，首先要能够反映这门学科的特征，其次要对这门学科有普遍的指导意义。首先，逻辑基本规律反映了这门学科的特征。就逻辑学来说，它是反映在相对稳定的条件下事物的基本性质和事物之间的确定关系。它与辩证法相对，但是它与辩证法是相互补充的关系。它是以承认事物运动的绝对性为前提的，所以不同于否定事物运动变化的形而上学。辩证法也承认事物的相对稳定性，承认形式逻辑的规律和规则，否则就会滑向相对主义。其次，它贯穿于整个学科之中，对各部分都有指导意义。比如：同一律要求我们在思维过程中保持一致性，不能意义含混；矛盾律要求我们不能自相矛盾，要前后一致；排中律要求我们在思维过程中意义明确，不能模棱两（不）可。这些规律适用于逻辑学整个学科。

## 第一节　同一律

### 一、什么是同一律

同一律是指我们在同一思维过程中使用概念或命题的时候，要保持其含义的一致性，保持其思想的统一性。

同一律是普遍适用的基本规律，它对于概念、推理与论证都是具有指导意义的。同一律用公式可以表示为：

$$A \longleftrightarrow A$$

**【案例】**小马想过河，问河水深浅。老牛说：“水很浅，刚没过小腿，能蹚水过河。”松鼠跳到小马的跟前说：“水很深，昨天我的一个小伙伴就掉进河里淹死了！”

[解析] 马和松鼠的体形差异很大，因此对水的深浅有不同的看法。

## 二、同一律的基本要求

（1）在使用概念的过程中，在同一语境中概念的内涵和外延要保持一致，否则会犯“混淆概念”或“偷换概念”的逻辑错误。

（2）在使用一个命题的时候，同一语境下要保持含义的一致性，否则会犯“转移论题”和“偷换论题”的逻辑错误。

## 三、易犯的逻辑错误

（1）鲱鱼（熏鲱）谬误。在议论中引入一个新的不相干的问题来转移人们对所议论的话题的注意力。好比通过一条熏过的鲱鱼来引开猎犬，使之不能循轨迹追寻。

（2）稻草人谬误。为了轻易驳倒对手，故意歪曲对手论题的含义来进行攻击。

（3）混淆和偷换概念。在写作和论辩的过程中有意无意转变了概念的含义。

（4）转移和偷换论题。在写作与说话的过程中转移和偷换了论题。

**【案例】**1. 有一天，阿凡提给一个财主理发。这个财主是一个吝啬鬼，每次理发都不给钱。阿凡提很生气，决定狠狠地惩罚他一下。阿凡提给财主剃完头，在给他刮脸的时候，问道：“老爷，你要眉毛吗?”财主心想，哪有人不要眉毛的？随即应道：“当然要，这还用问?”“好，要我就给你。”阿凡提说着，嗖嗖几下就把财主的两道眉毛刮下，递到他手里。财主一看两道眉毛被刮下来了，就对阿凡提吼道：“阿凡提，你这该死的东西，怎么把我的两道眉毛给刮下来啦?”“老爷，你不是要眉毛吗？我问过你呀。”阿凡提答。财主无话可说。阿凡提继续给财主理发。阿凡提又问：“老爷，你的胡子要吗?”这时候，财主赶快说：“不要不要!”阿凡提答：“不要就给你剃下来。”又嗖嗖几下就把财主的胡子剃下来了。财主气得直叫，又骂阿凡提。阿凡提说：“我不是按照你的吩咐刮下来的吗?”

[解析] 在这个故事中，阿凡提故意利用语词的歧义性教训了一下财主。要不要？说“要”，有两种意思，说“不要”也有两种意思。

**【案例】**2.《韩非子》中有一个故事，说的是郑县有个姓卜的人，他常常在外面胡混。有一天他的裤子破了个洞，就买了布，回家让妻子给他做一条新裤子。妻子问他如何做，他回答说照原样。于是他妻子就照原来的样子做好，然后在洞原来的位置剪了一个同样的洞。

[**解析**]“照原样”可以做不同的理解。

【**案例**】3. 庄子与惠子在濠水的桥上游玩。庄子说：“鱼在河水中游得多么悠闲自得，这是鱼的快乐啊。”惠施说：“你不是鱼，哪知道鱼的快乐呢?”庄子说：“你不是我，怎么知道我不知道鱼的快乐呢?”惠施说：“我不是你，固然不知道你；你本来就不是鱼，你不知道鱼的快乐是可以肯定的!”庄子说：“请从我们最初的话题说起。你说‘你哪知道鱼的快乐’，说明你已经知道我知道鱼的快乐而问我。我是在濠水的桥上知道的。”

[**解析**]庄周的言论是不合乎逻辑的，不符合同一律的要求。庄周在和惠施辩论的过程中，显然歪曲了惠施的原意，偷换了惠施的论点。惠施说：“你不是鱼，哪知道鱼的快乐呢?”原意是否定庄周知道鱼的快乐，庄周却把惠施的话歪曲成问他是在什么地方知道鱼的快乐的。这显然是偷换论题，即把惠施的话“你哪知道鱼的快乐?”偷换为“你在什么地方知道鱼的快乐?”。




【**案例**】4. 一位母亲将洗好的衣服晾在院子里，叫小儿子坐在那里守着，自己回屋里做饭。过一会儿，来了一个小偷。小偷问小孩：“小朋友，你叫什么名字?”

小孩说：“我不告诉你。”

小偷又说：“你知道我的名字吗?”

小孩说：“不知道。”

小偷又说：“我们已经是朋友啦，那我告诉你，我的名字叫‘逗你玩’。我们来玩一个游戏好不好?”

说着，小偷拿了一件衣服藏在自己衣服里。

这时小孩叫了：“妈妈，有位叔叔拿了一件衣服。”

妈妈问了：“谁呀?”

“逗你玩。”小孩回答说。

妈妈以为小孩开玩笑。这时小偷又拿了一件。小孩又叫了：“妈妈，叔叔又拿了一件衣服。”

妈妈又问了：“谁呀?”

“逗你玩。”小孩回答说。

这时小偷把几件衣服全拿光了。小孩急了，叫道：“妈妈，叔叔把衣服全拿光了。”

妈妈又问了：“谁呀?”

“逗你玩。”小孩回答说。

过了一会儿，妈妈从屋里出来，看见衣服全不见了，问小孩：“谁拿了咱家的衣服?”

小孩说：“逗你玩。”

［**解析**］“逗你玩”可以指逗你玩，也可以指人名。

**【案例】**5. 古希腊有一个名叫欧提勒士的人，他向著名的辩者普罗塔哥拉学法律。两人曾订有合同，其中约定在欧提勒士毕业时付一半学费给普罗塔哥拉，另一半学费则等欧提勒士毕业后头一次打赢官司时付清。但毕业后，欧提勒士并不履行律师职务，总不打官司。普罗塔哥拉等得不耐烦了，于是向法庭状告欧提勒士，他提出了以下的二难推理：如果欧提勒士这场官司胜诉，那么，按合同的约定，他应付给自己另一半学费；如果欧提勒士这场官司败诉，那么按法庭的判决，他也应付给自己另一半学费；他这场官司或者胜诉或者败诉，所以，无论是哪一种情况他都应付给自己另一半学费。

而欧提勒士则针对老师的论证提出一个完全相反的二难推理：如果我这场官司胜诉，那么，按法庭的判决，我不应付给普罗塔哥拉另一半学费；如果我这场官司败诉，那么，按合同的约定，我也不应付给普罗塔哥拉另一半学费；我这场官司或者胜诉或者败诉，所以我都不应付给他另一半学费。

［**解析**］这里两个人使用的依据不同，相互对立，所以得出了完全相反的结论。

**【案例】**6. 清代诗人袁枚在《随园诗话补遗》里记载了一则李白和汪伦交朋友的故事：

唐时汪伦者，泾川豪士也，闻李白将至，修书迎之，诡云：“先生好游乎？此地有十里桃花。先生好饮乎？此地有万家酒店。”李欣然至。乃告之：“桃花者，潭水名也，并无桃花。万家者，店主人姓万也，并无万家酒店。”李大笑。款留数日，赠名马八匹，官锦十端，而亲送之。李感其意，作《桃花潭绝句》一首：

李白乘舟将欲行，忽闻岸上踏歌声。
桃花潭水深千尺，不及汪伦送我情。

［**解析**］这里，汪伦使用了有歧义的概念“桃花潭”“万家酒店”，把李白骗了。

**【案例】** 7."白马非马"论。

客方：可以说白马不等于马吗?

公孙龙：可以。

客方：为什么?

公孙龙："马"是对物"形"方面的规定，"白马"则是对马"色"方面的规定，对"色"方面的规定与对"形"方面的规定，自然是不同的。所以说，对不同的概念加以不同规定的结果即白马与马也是不同的。所以说"白马非马"。

[解析] 白马非马，"白马"和"马"属于不同层次的概念，两个概念不能等同，说白马不等于马是对的。但是不能说白马不是马或不属于马。这里把"白马不等于马"和"白马不属于马"混淆了，或者说把"不等于"与"不属于"两个概念等同了。





**【案例】** 8. 目前，有些报纸激烈讨论什么是男子汉的问题。对此，有议论说：男子汉绝非"奶油小生"，而是有理想，有抱负，有铮铮硬骨的男人。它是勇敢、坚毅、力量的代名词，可惜目前中国的男子汉太少了。据说光北京市，就有上万名找不到男子汉的大龄姑娘。不过，人口普查时统计数据表明，男女比例并没有失调。可见，我国的男子汉并不少，大概是分布不均衡吧。

[解析] 这里把"男子汉"和"男人"两个概念混淆了。

**【案例】** 9."母女对话"。

女儿：妈妈，我要和他分手，我们没有共同语言。

母亲：怎么没有共同语言？他又不是外国人。

[解析] 对"共同语言"的理解不同，混淆了概念。

**【案例】** 10. 有个小朋友到邮局寄信，柜台里的阿姨告诉他："这封信超过了重量，要加贴8角钱的邮票。"小朋友着急地问："什么？你已经嫌它太重，加贴邮票不是更重了吗?"

[解析] 小朋友将"这封信超重"理解成"这封信太重"，无意中偷换了概念，也转移了话题，违反了同一律。

**【案例】** 11. 1933年鲁迅先生在《"有名无实"的反驳》一文中谈道：当时国民党军队中一排长"以为'不抵抗将军'下台，'不抵抗（主义）'就一定跟着下台了。这是不懂逻辑：将军是一个人，而不抵抗是一种主义，人可以下台，主义却可以仍旧留在台上的"。

[解析] 这个排长混淆了概念。

【案例】12. 据传，有一年元宵节，司马光夫人想上街去逛灯会，就跟司马光说："我要去看花灯。"司马光说："家中那么多灯，何必出去看？"司马光夫人又说："我不但要看灯，还想看游人。"司马光说："家中那么多人，何必出去看？"

[解析] 司马光为了阻止夫人上街游玩，故意混淆"花灯"和"灯"、"游人"和"人"的概念，偷换两个概念，违反了同一律。

【案例】13. 有一天，法国某城市一餐馆门前挂了一个"明天吃饭不要钱"的牌子。第二天刚开业，就顾客盈门。可顾客一吃上饭，老板就来要钱。人问则说："是啊，明天不要钱，今天要钱。"第三、四天乃至以后照收不误。请问老板运用了什么手法？

[解析] 老板运用了偷换概念的手法。"明天"这一概念是有明确内容的，即使用这一概念的第二天。而老板把"明天"变成了无指定的概念，这是一种诡辩论。





【案例】14. 一个古希腊法官遇到这样一个案例：两个人发生了打斗，一个看似弱小，一个身强力壮。问题是，谁先动的手？弱小的人向法官论证说，一个弱小的人攻击看上去远为强壮的人，这合乎情理吗？但是，那个壮汉提出了另一个论证：我明显比他强壮，如果我先动手，那么闹到法庭上，肯定对我大大不利。我在明白这一点的情况下，还先动手打他，这合情理吗？法官听后为难了，因为两个论证听上去都挺合理。

[解析] 当然，打架不一定要合乎情理，要看事实上谁先动手，法官也要看事实决定。

【案例】15. 一个星期天，小王和未婚妻小吴及小吴的母亲一起到苏州游玩。当他们三人泛舟太湖时，突然刮起一阵大风，小船上下颠簸。他镇定自若，小吴和她的母亲十分害怕。风浪过后，小吴的母亲问小王："如果现在风起船翻，我们母女俩同时落水，你只能一个一个地救人，你先救谁？"小王说："我先救未来的妈妈。"母女俩都很高兴。小吴想，我有了小孩，不就是妈妈了吗？母亲想，如果他们结婚了，我不就是他的妈妈了吗？

[解析]"未来的妈妈"实际是一个有歧义的词。不过小王一语双关，巧妙地回答了问题。

【案例】16. 有一次，晋平公要选拔县令，他找来祁黄羊，对他说："南洋缺个县令，你看谁可以担任这个职务呢？"祁黄羊想了想说："我看解狐这个人可以。"晋平公说："解狐不是你的仇人吗？你为什么推荐他呢？"祁黄羊说："你是问谁可以担任县令的职位，又没有问谁是我的仇人呀！"晋平公觉得有道理，就用了解狐这个人。过了一段时间，晋平公又问祁黄羊说："国家没有掌管军事的官员，谁可以担任?"祁黄羊立即回答说："在我看，祁午可以。"晋平公说："祁午不是你的儿子吗?""是呀，你是问谁可以担任中尉的职务，我只是如实回答。"祁黄羊说。

[**解析**] 遵守同一律。对于晋平公关于选县令和中尉的问题，祁黄羊只是如实回答，没有考虑是仇人还是自己的儿子，这遵守了同一律。

**【案例】**17. 在拿破仑的军队里，有一个对法语一窍不通的瑞典人。一次，他听说拿破仑要来检阅部队并要向他提问。他非常着急，就去找战友们商量对策。一个战友说："不要紧，拿破仑总是按照顺序提三个问题：你多少岁啦? 你在部队服役多久啦? 你是否参加了我指挥的两大战役之一?"于是瑞典人就按照这个顺序准备了三个答案："23 岁，首长"，"3 年，首长"，"都是，首长"。





检阅那天，拿破仑在陪同人员的引导下，走到瑞典人面前停了下来，开始向他提问。不幸的是，一向按照顺序提问的拿破仑这次却打破常规，把提问的顺序改变了。他的第一个问题是："你在我的部队里服役多久了?"瑞典人挺了挺胸，回答说："23 岁，首长。"瑞典人这话说得最好，口齿清楚。拿破仑大吃一惊，心想这么年轻就在我的部队干了 23 年? 他又问："那你今年多少岁啦?""3 年，首长。"拿破仑既惊讶又生气地说："我疯了还是你疯了?""都是，首长。"瑞典人的回答充满了自豪感。

[**解析**] 答非所问，违反了同一律。

**【案例】**18. 一个富翁给母亲祝寿，特邀江南才子唐伯虎前来绘画题诗。他当众画了一幅《蟠桃献寿图》，紧接着信笔题诗。他边写边吟诵："这个婆娘不是人。"这第一句念完，满座宾客皆惊。富翁一听，勃然大怒，心想：不是人，这还了得！竟敢当众辱骂母亲。富翁刚想发作，唐伯虎旁若无人地又念了第二句："九天仙女下凡尘。"这下四座宾客转惊为喜。富翁也随之喜形于色，拍手叫好。谁知第三句又是"儿孙个个都是贼"。这下惹怒了众人，个个挥拳准备打唐伯虎。此时唐伯虎念出了最后一句："偷得蟠桃奉至亲。""好！好！"满座宾客赞叹不已，一致称赞唐伯虎真不愧为能诗善画的江南第一才子。富翁对此诗也是赞不绝口。

还有一则幽默故事。宋朝有个叫郭功甫的人，一次路过杭州府，特意把自己的一卷诗拿给苏东坡看。他看到苏东坡那里满座名士正谈笑风生，感到一展诗才的机会难得，就抑扬顿挫地给苏东坡朗诵自己的作品，声音高亢洪亮，一时惊动四座。朗诵完毕，他踌躇满志地问苏东坡："您看我这首诗能够打几分？"苏东坡笑笑，很宽宏地说："10分！"郭功甫听了很高兴，又问苏东坡："怎么能得满分呢？"苏东坡说："7分是读，3分是诗。加一起不就10分了吗？"

[**解析**] 遵守同一律。前一个故事中，唐伯虎的祝寿诗看似骂人实则誉人，看似违反同一律却又遵守了同一律，是对同一律的灵活运用。后一个故事中，苏东坡讲的10分也是合情合理的。

【**案例**】19. 一位老者分别给两个儿子取名"盗"和"殴"。一日，"盗"外出办事，老父有事追赶，并呼喊："盗、盗……"恰遇官员路过，追赶并捉到了"盗"。这时老父着急，欲呼老二出来解释，叫"殴、殴……"。官员于是殴打"盗"，致其半死。

[**解析**]"盗""殴"都有不同的含义。

# 第二节 矛盾律

## 一、什么是矛盾律

矛盾律是指在同一思维过程中对于相互矛盾和反对的命题不能同时加以肯定，对于矛盾和反对关系的命题不能同时断定为真。用公式可以表示为：

$$\neg(A \land \neg A)$$

## 二、矛盾律的基本要求

在同一时间、地点的条件下，对同一个事物的情况不能同时加以肯定又加以否定。

## 三、易犯的逻辑错误

违反矛盾律基本要求的逻辑错误叫"自相矛盾"。主要有以下几种情况：

（1）对于具有矛盾关系和反对关系的、不能同时为真的命题同时断定为真。

（2）在同一时间、地点、关系下，对同一个事物断定其具有某种性质又不具有某种性质。

(3) 犯隐含逻辑矛盾（悖论）的错误。悖论具有形式：

$$(p \rightarrow \neg p) \wedge (\neg p \rightarrow p)$$

**【案例】** 1. 黑板上写了一句话："这句话是假的。"请问这句话究竟是真的还是假的？

[解析] 如果"这句话是假的"是真的，而"这句话"指"这句话是假的"，那么代入后得到"'这句话是假的'是假的"是真的，就是说"这句话是真的"是真的。如果"这句话是假的"是假的，那么这句话代入"这句话是假的"后得到："'这句话是假的'是假的"是假的。双重否定等于肯定，等于"这句话是真的"是假的。

**【案例】** 2. 一个乡村理发师贴出了一个通告：本理发师只为本村不给自己理发的人理发。有人问：理发师自己给不给自己理发？



[解析] 如果乡村理发师自己给自己理发，他就不属于"本村不给自己理发的人"，从而不能给自己理发；如果他不给自己理发，他就属于"本村不给自己理发的人"，就要给自己理发。即从 p 推 ¬p，¬p 推 p。

**【案例】** 3. 有一妇女刚搬到一个新的村子居住，这个村子很明显地分为村东和村西两头。她听说村东和村西的人有一边喜欢说真话，有一边喜欢说假话；又听说村里只有一个磨坊，但不知是在东头还是在西头。一天，这个妇女想去磨坊，她遇见村子里的一个人，但又不知是村东人还是村西人。一开始不知道该如何问，但她琢磨了一下，结果只问了一句话，对方回答后，她便知道磨坊的位置了。她问：如果我问你们对面村子里面的人，磨坊在村东还是村西，他会怎么回答我？

[解析] 这里涉及村东和村西两个村子里的人的回答，必然一真一假，结果总是与回答相反的。

**【案例】** 4. 一个年轻人想到大发明家爱迪生的实验室去工作，爱迪生接见了他。

这个年轻人满怀信心地说："我想发明一种万能溶液，它可以溶解一切物品。"

爱迪生听罢，惊奇地问："那么你想用什么器皿装这种万能溶液呢？"

年轻人哑口无言。

[解析] 为什么年轻人会哑口无言？用什么东西来装？没有东西可以装。因为它会溶解一切物品。

【案例】5. 二战期间某国空军飞行大队制定的规则中的一条规定，即第二十二条军规：疯子才能获准免于飞行，必须由本人提出申请；同时又规定，凡能意识到飞行有危险而提出免飞申请的，属头脑清醒者，应继续执行飞行任务。

［解析］由于这条军规自相矛盾，因此不可执行。后来用“二十二条军规”来比喻圈套、枷锁等。

【案例】6. 一个人写给女朋友的信：亲爱的，我多么爱你，为了爱，我愿意为你赴汤蹈火。如果星期天不下雨，我就来看你。

［解析］自相矛盾。如果下雨，可能就不来看你了，并非愿意为你赴汤蹈火。

【案例】7. 张乐与牛结巴是一对难兄难弟，他俩常去偷人家的东西。一天夜里，他们去作案，张乐被保卫人员抓住了。保卫人员问：“你还有一个同伙呢？”张乐说：“好汉做事一人当，我才不出卖我的朋友牛结巴呢。”

［解析］自相矛盾。说了不出卖，但是把名字都说出来了。

【案例】8. 李主任经常自我吹嘘：“我从来不吃马屁。”一天，一个姓马的人为件私事来找李主任帮忙。

马满脸堆笑，说：“李主任，你真辛苦呀。”

李一本正经应道：“不要叫主任，称同志。”

马赶忙改口：“李同志抽烟。”随即递上一支烟。

李双手一挡，说：“不要来这一套！有事就直讲。”

马伸出大拇指：“嗬，您真是廉洁奉公，两袖清风呀！”

李眼一瞪回道：“你别拍马屁奉承。”

马赞叹地说：“是啊，李同志最大的优点就是不吃马屁，现在这样的人太少了。”说着递上一张纸条。

李得意地微笑着说：“是啊，我就是不吃马屁。”随即在纸条上签了“同意”。

［解析］李主任说不吃马屁，最后还是吃了马屁。

【案例】9. 有个京官要到外地任职，临行前去向老师告别。老师对他说：“地方官不好当，凡事要谨慎小心才是。”这个人说：“老师放心，我已经准备好了一百顶高帽子，碰上人就奉送一顶，谁不喜欢戴高帽子呢？不会有什么困难的。”

老师生气地说：“为官要正直，哪能随便奉承人呢？我最不喜欢别人奉承。”学生说：“老师的话很对，不过当今这个世界上，像老师这样不喜欢戴高帽子的人又有几个呢?”老师听了非常高兴，说：“你的话不能说没有根据。”

这个人出了大门，便对人说：“我的一百顶高帽，现在只剩下九十九顶了。”

[**解析**] 老师嘴上说不喜欢高帽，实际上还是喜欢高帽。

# 第三节 排中律

## 一、什么是排中律



排中律是说相反的命题（矛盾关系和下反对关系）必然要肯定一个，一定有一个是真的，不能模棱两可地加以否定。

排中律适用于矛盾关系的命题之间，也适用于下反对关系、两个单称命题——单称肯定和单称否定之间，不能用于反对关系的命题。常用以下公式表示排中律，表示两个相互矛盾的命题一定有一个是真的：

$$A \wedge \neg A$$

## 二、排中律的逻辑要求

(1) 对于矛盾关系命题和下反对关系命题要肯定一个，不能两个都否定。

(2) 对同一事物不能既断定它不具有性质 p，又不具有性质 ¬p。

违反排中律的逻辑错误叫作“模棱两（不）可”。

**【案例】** 鲁迅有一篇题为《立论》的杂文。全文如下：

我梦见自己正在小学校的讲堂上预备作文，向老师请教立论的方法。

“难!”老师从眼镜圈外斜射出眼光来，看着我，说。“我告诉你一件事——

“一家人家生了一个男孩，合家高兴透顶了。满月的时候，抱出来给客人看，——大概自然是想得一点好兆头。

“一个说：‘这孩子将来要发财的。’他于是得到一番感谢。

“一个说：‘这孩子将来要做官的。’他于是收回几句恭维。

"一个说：'这孩子将来是要死的。'他于是得到一顿大家合力的痛打。

"说要死的必然，说富贵的许谎。但说谎的得好报，说必然的遭打。你……"

"我愿意既不说谎，也不遭打。那么，老师，我得怎么说呢？"

"那么，你得说：'啊呀！这孩子呵！您瞧！多么……。阿唷！哈哈！Hehe！He，hehehehe！'"

[**解析**] 这个例子中，学生说自己既不愿说谎，也不愿遭打，问老师该怎么说。老师所说的话显然是模棱两可的或模棱两不可的。

## 三、运用排中律的时候应注意的问题

(1) 排中律适用于二值逻辑，不适用于多值逻辑。有超过两个值的情况，不适用排中律。比如：

这盘象棋，你没有输。所以，你赢了。

(2) 基于形势的暂时回避不违反排中律。

**【案例】** 1. 一千年前，熊、猴和兔子相邻而居，共同生活在一座森林里。

有一天，正当熊和猴在兔子面前夸耀自己的力气、智慧、灵活和机敏的时候，从林中空地跳出一只凶暴的狮子。狮子饿慌了，他看见熊、猴和兔子，就拿定主意要吃他们。于是，狮子一边向熊走过去，一边问："你告诉我，熊，你从我的嘴里闻到一股什么气味？"

说着，他张开了血盆大口。熊把鼻子凑上去闻了闻，说："大王，你天天吃肉，所以你嘴里的气味很不好闻。"

"你这个不懂礼貌的家伙！"狮子吼叫起来，"你竟敢侮辱自己的元首！我这就将你处死！"他举起力大无比的狮掌，"啪"地一下子就把熊给打死了。

接着，狮子又走近猴子，问他："你告诉我，猴儿，我嘴里有什么气味？"

说着，他又张开了血盆大口。

猴子看了看死在一边的熊，吞吞吐吐地说："呵，大王，真的，您的嘴里开放着世上最香最甜的鲜花。"

"你这个臭骗子、马屁精！"狮子吼叫着，"由于你说谎，现在我就处死你！"他举起力大无比的狮掌，"啪"地一下子把猴子给打死了。

最后，他向兔子走去，下令说："告诉我，从我嘴里呼出来的气味好闻还是不好闻？"

心惊肉跳的兔子说："请别发火，公正的大王！今天我伤风了，鼻子，唔唔，堵得厉害，什么气味也闻不出来。请允许我明儿个再来答复您。”

接着，兔子连打了三个喷嚏：“阿嚏！阿嚏！阿嚏！”

狮子生气地吼了一声：“好吧！明天你一定得来告诉我。”

兔子头也不回地跑开了。

“现在好了！”兔子得意地说。“就让狮子等着吧！在无耻的君王没有完蛋之前，我的伤风是好不了啦！”

[解析] 兔子没有直接回答问题，而是说自己感冒了闻不出来，下次再说。不直接回答“是”或“不是”，但也不算违反排中律。

**【案例】**2. 鲍西娅家有三只匣子：金匣子、银匣子和铅匣子。在这三只匣子中，只有一个匣子里放着一张鲍西娅的肖像。三只匣子上各刻着一句话。金匣子上刻的话是“肖像不在此匣中”，银匣子上刻的话是“肖像在金匣中”，铅匣子上刻的话是“肖像不在此匣中”。三个匣子旁边的一张大纸上写着：“这三句话中只有一句是真话。”鲍西娅父亲的遗言是：如果有哪一个求婚者能通过以上四句话，猜中鲍西娅的肖像放在哪只匣子里，鲍西娅就嫁给谁。





[解析] 题干中说，三句话中只有一句真话。那么先找有无矛盾，如果有矛盾，一句真话一定在其中。银匣子上的话和金匣子上的话是矛盾关系，真话一定在里面。剩下铅匣子上的那句话一定是假话，即“肖像不在此匣中”为假，其实肖像就在铅匣子里。

**【案例】**3. 有这样一则轶事：大学士刘墉因在朝堂之上直言进谏，惹得龙颜大怒。乾隆皇帝当堂做了两个“纸阄”，名曰“生死阄”。两个纸阄上分别写着“生”和“死”，刘墉抽到“生阄”便可以活命，抽到“死阄”便会被处斩。其实这两张“纸阄”写的都是“死”字，这是乾隆皇帝有意为难刘墉。

聪明的刘墉早就猜到了这一点，他灵机一动，上前抽出一张“纸阄”，看也没看，便一口吞下肚去。剩下那张“纸阄”被当堂打开，上面写的是“死”字。这就证明刘墉方才吞到肚里的那张“纸阄”是“生阄”。于是，乾隆皇帝只好当堂赦免了刘墉。

[解析] 两个纸阄，一个是“死”，另一个一定是“生”。

**【案例】**4. 唐初有个苏味道，他的文章有点名气，和当时的另一个文士李峤齐名，人称“苏李”。苏味道从小相当聪明，20 岁便考上了进士，做官做到吏部侍郎，武则天执政时，他还担任过宰相。苏味道为人圆滑，遇事态度暧昧，往往表示这样也好，那样也行。《旧唐书·苏味道传》曾记录了他的一句话：“处事不欲明白，若有错误，必贻咎谴但模棱持两端可矣。”这句话颇具代表性地道出了他圆滑的处世哲学。棱，即多面体的边，用手摸住任何一条棱，可以同时摸到两个面，但又不特定摸到哪一个面，可以在两个面之间自由切换，所以“模棱持两端可矣”。由此，人们称苏味道为“苏模棱”“模棱手”“模棱宰相”。“模棱持两端可矣”后来演化成“模棱两可”这个词语，形容那种骑墙居间、不置可否的态度。

**[解析]** 苏味道的模棱两可就是一种违反排中律要求的表现，但是在一定条件下，又是有意义的。当然要看是什么问题，是不是原则性问题。

## 一、思考题

1. 逻辑的基本规律有哪些？为什么它们是基本规律？

2. 为什么说遵守逻辑的基本规律只是正确思维的必要条件？

3. 矛盾律和排中律的区别是什么？





## 二、练习题

1. 关于某一刑事案件有以下四个断言：

（1）有证据表明陈虎没有作案。

（2）作案者或者是王光，或者是陈虎，或者是祝同。

（3）也有证据表明王光没有作案。

（4）电视画面显示，在案发时，祝同在远离案发现场的一个足球赛的观众席上。

下面哪一项是关于题干中四个断言的正确表述？

A. 从上述断言可以推出，只有一个作案人。

B. 上述断言中至少有一个是假的。

C. 从这些断言可以推出，表明王光没有作案的证据是假的。

D. 祝同肯定不在该足球赛的观众席上。

2. 某班有一位同学做了好事没有留下姓名，他是甲、乙、丙、丁四人中的一个。当老师问他们时，他们分别这样说：

甲：这件好事不是我做的。

乙：这件好事是丁做的。

丙：这件好事是乙做的。

丁：这件好事不是我做的。

这四个人中只有一个人说了真话，请推出是谁做了好事。

A. 甲。　　B. 乙。　　C. 丙。　　D. 丁。

# 第七章　归纳推理

## 第一节　归纳推理概述

所谓归纳推理，是指从个别到一般的推理，从个别事实归纳得出一般结论的过程。

关于归纳推理和演绎推理的区别，传统上主要关注其推理过程的方向和结论的性质。从方向上来说，演绎推理是从一般到一般、一般到个别；归纳推理是从个别到一般。从结论的性质来说，演绎推理具有保真性，结论的真实性能从前提必然推导出来，归纳推理结论的真实性不能从前提必然推导出来（完全归纳推理除外）。

归纳和演绎，作为逻辑推理的两种基本形式，二者之间是相互区别又相互补充的。恩格斯指出："归纳和演绎，正如综合和分析一样，必然是相互关联的。不应当牺牲一个而把另一个片面地捧到天上去，应当设法把每一个都用到该用的地方，但是只有认清它们是相互关联、相辅相成的，才能做到这一点。"

归纳推理首先分为完全归纳推理和不完全归纳推理。不完全归纳推理又有简单枚举法、统计归纳法、典型归纳法、穆勒五法等。

## 第二节　完全归纳推理

### 一、完全归纳推理的含义

完全归纳推理是通过列举一类事物的所有个体或所有部分都具有或不具

有某种属性，从而推断出该类事物具有或不具有某种属性的推理。

由于该推理考察了某类事物中的所有个体或部分，所以结论的真必然从前提推出。

**【案例】**1. 直角三角形的内角和是 180 度；
锐角三角形的内角和是 180 度；
钝角三角形的内角和是 180 度；
直角三角形、锐角三角形、钝角三角形是全部的三角形。
所以，所有三角形的内角和都是 180 度。

**【案例】**2. 地球以椭圆轨道绕太阳运行；
火星以椭圆轨道绕太阳运行；
木星以椭圆轨道绕太阳运行；
…………
太阳系的大行星 N 以椭圆轨道绕太阳运行。
地球、火星、木星……大行星 N 是太阳系所有的大行星。
所以，太阳系所有的大行星都是以椭圆轨道绕太阳运行的。





## 二、完全归纳推理的逻辑形式

$S_1$ 是（或不是）P；
$S_2$ 是（或不是）P；
$S_3$ 是（或不是）P；
…………
Sn 是（或不是）P；
$S_1$～Sn 为 S 全部对象。
所以，所有 S 是（或不是）P。

## 三、完全归纳推理的性质及其可靠性条件

（1）性质：由于考察了每一个别现象，结论的范围没有超出前提的范围，所以，结论的真实性能够由前提保证。

（2）可靠性条件：要保证所考察的是一类对象的全部分子。

**【案例】**1. 爷爷叫铁柱到供销社买火柴，临走时嘱咐他："买完了试一试，看看是不是划得着。"一会儿，铁柱举着一个空的火柴盒跑回来了，他说："爷爷，这盒火柴都是好的，我一根一根地试过了。"

还有一个笑话。小明家来了客人，妈妈叫小明到附近果园买点苹果，临

走时妈妈叮嘱道："你要买甜的，不甜的不要。"小明到了果园就捡起苹果来，他挑一个就咬一口尝尝，一个也没有放过。他买好苹果，回到家里对妈妈说："我买的都是甜的。"

［解析］没有必要用完全归纳推理的时候就不要用。

**【案例】** 2. 一只大灰狼冲破猎人的围堵，拼命向山后跑去，猎人带着猎狗紧追不舍。大灰狼慌不择路，闯进一个只有四户人家的小山村，正巧碰到蹲在墙头晒太阳的小猫咪。大灰狼气喘吁吁地哀求小猫咪："快救救我吧！亲爱的小猫咪，猎人追我来啦！"贪睡的小猫咪也不睁眼看看是谁，就懒洋洋地说："快躲到东头的斯切潘家去吧。"大灰狼说："不行啊，去年我偷过他家的一只羊，他恨死我了。""那就躲到西头的杰木杨家去吧。"小猫咪说。大灰狼说："哪能行！今年春天我吃过他家一只兔子。他不会保护我的。"小猫咪说："那就躲到南边的特罗非姆家去吧！""也不行啊，前年我咬死过他家的一头牛。他怎么会保护我呢?"大灰狼说。小猫咪说："那还有最后一家，你快躲到北头的克里木家去吧。"大灰狼说："更不行啊！昨天我还偷了他家的三只鸡，他绝对饶不了我啊。"小猫咪说："全村人你都得罪了，那么没有人会保护你了。"大灰狼正求着小猫咪，这时猎人出现了，一只猎狗咬住了大灰狼的脖子，大灰狼惨叫一声，吓了小猫咪一跳。它睁开眼睛一看，啊，原来是大灰狼！小猫咪心想，早知道是你，我才不理你呢。

［解析］这里运用了完全归纳的方法。




## 第三节　不完全归纳推理

不完全归纳推理是前提中只考察了一类对象中的部分事物具有或不具有某种属性，没有遇到反例，从而得出一类事物的全部对象都具有或不具有某种属性的推理。

### 一、简单枚举法

#### 1. 什么是简单枚举法?

简单枚举法单纯依据对部分对象的考察、枚举，由被考察对象具有或不具有某种属性，推出该类对象全部具有或不具有某种属性的推理。

**【案例】** 金是导电的；

银是导电的；

铜是导电的；

…………

铁是导电的；

金、银、铜……铁是金属的部分对象。

所以，所有金属都是导电的。

**2. 简单枚举法的逻辑形式。**

$S_1$ 是（或不是）P；

$S_2$ 是（或不是）P；

$S_3$ 是（或不是）P；

…………

Sn 是（或不是）P；

$S_1$～Sn 为 S 的部分对象。

所以，所有 S 是（或不是）P。

**3. 简单枚举法的逻辑性质及其可靠性条件。**

（1）性质：简单枚举法的结论的真实性只具有或然的性质。因为前提只考察了部分对象，结论的范围超出了前提的范围，所以前提的真实性不能保证结论的真实性。

（2）可靠性条件：一是在数量上尽可能考察更多的对象，二是在样本的选取上尽可能考察各种条件下的个别情况，三是要保证没有遇到反例。

**【案例】** 1. 老师傅为了测验两个徒弟哪一个更聪明，就对他们说："给你们每人一箩筐花生去剥皮，看每粒花生仁是不是都有粉衣包着？"

大徒弟听完，赶紧搬筐回家，连饭也顾不上吃，急忙剥起来。二徒弟却不慌不忙地搬着箩筐走回去，边走边想，然后把三个仁的、两个仁的、一个仁的分别捡了八粒，总共不过一把。把几种不同类型的花生剥开，发现他们无一例外都有粉衣包着。大徒弟从早到晚，才把一箩筐花生剥完，急忙跑到师傅那里去报告，到那儿一看，师弟已经到了。

师傅见两个弟子都来了，便说："二徒弟先到，就先回答问题吧。"二徒弟说道："我剥了几颗花生，就知道所有花生仁都有粉衣包着了。"大徒弟这才恍然大悟："师弟比我聪明。"

［**解析**］大徒弟用的是完全归纳推理，虽然得出了结论，但是没有二徒弟用的不完全归纳法聪明。不完全归纳法是根据某类事物的部分对象具有或不具有某种属性，从而推出该类事物具有或不具有某种属性的推理。

**【案例】** 2. 甲：大自然中任何事物都是相互补偿的。如果一个人的一只眼睛瞎了，那另一只眼睛的视力就更好；如果一只耳朵聋了，那另一只耳朵就听得更清楚。

乙：说得对。我早就注意到，当一个人的一条腿较短时，另一条腿总是长一些。

[**解析**] 乙的回答不是归纳的，而是必然的。

**【案例】** 3.《黄帝内经》记载了一个故事：有一个患头痛的樵夫上山砍柴，一次不慎碰破了足趾，出了一点血，但头不痛了。当时他没有重视。后来头痛复发，又偶然碰破原处，头痛又好了。这次引起了他的注意，以后头痛时，他就有意碰破该处，都有效用。樵夫碰破的地方，我们现在称为大敦穴。



[**解析**] 这里就是用到了不完全归纳推理。



**【案例】** 4. 在体育竞技中，人们也常常用简单枚举法寻求战胜对手。比如，第一届中日围棋对抗赛时，日方超一流棋手小林光一接连战胜中方五位棋手。中方主帅聂卫平收集了国内所能见到的小林光一的所有对局棋谱。他从中发现，凡是小林光一输棋时，布局总是成对角。于是他产生了一个大胆的想法，并考虑了上千种变化。当他与小林光一对弈时，他牵制小林光一走成了对角布局，结果获得了胜利。

[**解析**] 这里也运用了简单枚举法的归纳推理。

**【案例】** 5. 从前有一个非常浮躁的后生，忽然心血来潮，拜在一位老先生的门下，立志要发奋读书。第一天，老师在纸上画了一横，告诉他说："这个字是'一'。"第二天，老师又在纸上画了两横，说："这是'二'字。"第三天老师又在纸上画了三横，还没有等老师开口，他就抢着说："我知道了，这是'三'字。嘻嘻!"他想，人人都说识字难，没想到这么容易，照这样自己也可以当先生了。第四天，他就卷起铺盖回家了。

他真的开始教书了。第一天，一个学生拿着笔记本叫他写名字。他问："你的名字叫什么?"学生说："千百万。"他想，画一横是"一"，画两横是"二"，那么，千百万就要画千百万道横线，于是就挥笔画起来。他从华灯初上画到太阳升起，数了数，离千百万还差得很远呢。第二天，学生家长带学生来看老师，老师正在画横线。老师一见家长就大发雷霆："你怎么给孩子取个名字叫'千百万'？这么难写，害我整个晚上都没有睡觉。你就站在旁边吧，我还要写半天才能写完。"学生看老师写得很吃力，灵机一动，说："老师，要是把我妈妈的梳子拿来就好了，一画就有几十条横线。”老师说：“你干吗不早说？快去拿梳子来。”小孩要回去取梳子，被家长拦住，家长说：“把扫帚拿来岂不更好？一下就能画好几百条线。”

[**解析**] 这个不完全归纳推理的结论是错误的，犯了“轻率概括”的错误。

**【案例】** 6. 1879 年，在巴黎警察厅抄写卡片的贝蒂荣厌倦了自己的工作，他产生了放弃现有工作进行人体测定的念头。他开始测量登记在案的一些囚犯的身体的部分部位，并记录下来。资料积累到一定程度后，贝蒂荣按照自己的想法对资料进行了分析和归类，并运用到识别上。1883 年 2 月，贝蒂荣运用自己的人体测定法成功地识别出一名囚犯的前科者身份，从而成为人体测定法成功的开始。1884 年，一年之内他识别了 300 名有前科的罪犯，而且也没有遇到两个人的人体测定资料完全相同的情况。于是，法国人认为以测量人体某些部位的骨骼为基础的“贝蒂荣法则”是 19 世纪警界中最为伟大的发明，这个发明不仅使法国而且使全世界的刑侦工作都不再出错。“贝蒂荣法则”曾经风靡一时，不料在后来的一次鉴别中贝蒂荣发现了两名人体测量数据完全一样的囚犯，“贝蒂荣法则”失败了。

[**解析**] 简单枚举法的归纳推理的结论是可错的。

## 二、统计归纳法

**1. 统计归纳法的含义。**

统计归纳推理是从一类事物的总体中选取部分样本进行考察，样本中有多少百分比的个体具有或不具有某种性质，推出总体也有多少百分比的对象具有或不具有某种性质。比如：

驻邕高校抽取的 1 000 名大学生中有 10%的人抽烟，
所以，驻邕高校所有大学生中有 10%的人抽烟。

**2. 统计归纳法的逻辑形式。**

随机样本中有 N（百分数）的 S 是（或不是）P，
所以，可能总体中有 N 的 S 是（或不是）P。

**3. 统计归纳法的性质和可靠性条件。**

（1）性质：结论具有或然性质。因为不仅样本只是全部对象中的部分，而且样本选取可能存在偏差，所以，结论只是或然的，或者说近似的。

（2）可靠性条件：一是样本数量要足够大；二是样本的选取要恰当，具有代表性；三是要注意各种情况下条件的差异。

**【案例】**1. 对一些企业的调查显示，这些企业总经理的平均年龄是57岁，而在20年前，这些企业总经理的平均年龄是49岁。这说明，目前企业中总经理呈老龄化趋势。

以下哪项对题干的论证提出的质疑最为有力？

A. 题干中没有说明，20年前这些企业对于总经理人选是否有年龄限制。

B. 题干中没有说明，这些总经理任职的平均年数。

C. 题干中的信息仅仅基于有20年以上历史的企业。

D. 20年前这些企业的总经理的平均年龄仅是近似数字。

E. 题干中没有说明被调查企业的规模。

［**解析**］正确答案：C。样本不具有代表性，只对有20年以上历史的企业进行调查，题干最后却是对于新老企业的一般性评价。



**【案例】**2. 1936年的夏天，一个民意测验机构打电话给一万个美国选民，问他们在即将来临的总统选举中打算怎样投票。调查的样本包括各种回答者，他们来自各个州，有农村的和城镇的，有男人和女人。民意调查预示，阿尔弗雷德·兰顿将彻底击败富兰克林·罗斯福。然而，事实上罗斯福却取得了压倒性的胜利。

以下哪项最好地解释了为什么民意调查的预言是不准确的？

A. 采访者没有向采访对象透露他们自己隶属的政治派别。

B. 只有在选举时有资格投票的人被采访了，因而调查样本不能代表所有美国人。

C. 调查样本只代表了那时候能够安装电话的人，当时电话没有现在普及。

D. 调查者没有尽力去确定回答者的政治派别。

E. 由于调查者只问了被调查者选择候选人的倾向，这并不能收集到他们支持兰顿或罗斯福的真实信息。

［**解析**］正确答案：C。选项C指明了民意测验机构的调查结论不准确的原因是样本不具有代表性。

**【案例】**3. 根据概率论，抛掷一枚质地均匀的硬币，其正面朝上和反面朝上的概率几乎相等。我与人打赌，若抛掷硬币正面朝上，我赢；若反面朝上，我输。我抛掷硬币6次，结果都是反面朝上，连输了6次。因此，后面的几次抛掷肯定是正面朝上，我一定会赢回来。

下面哪一个选项是对“我”的推理的恰当评价？

A. 有道理，因为上帝是公平的，机会是均等的，他不会总倒霉。

B. 没道理，因为每一次抛掷是独立事件，与前面的结果没有关系。

C. 后面几次抛掷果然大多正面朝上，这表明概率论是正确的。

D. 这只是他个人的信念，无法进行理性的或逻辑的评价。

［**解析**］正确答案：B。概率的含义至关重要。A、D 项是非理性概念，可以先行排除。C 项即便正确，也与概率论正确与否无关。要知道，抛 10 000 个正面也不违背概率论。概率是统计的结果，只有 B 项说出了概率的本质。

## 三、典型归纳法

**1. 什么是典型归纳法？**

典型归纳法是在某一类事物中选取最为典型的个体进行研究，该典型个体具有或不具有某种属性，推出该类事物全部具有或不具有某种属性的推理。平常所说的“解剖麻雀”就是这样一种推理方法的运用。

**2. 典型归纳推理的逻辑形式。**

$S_1$ 是（或不是）P，

$S_1$ 为 S 的典型性个体。

所以，所有 S 是（或不是）P。

**3. 典型归纳法的性质与可靠性条件。**

（1）性质：具有或然性。因为事例是否为典型是存疑的，考察的性质是否为典型所有，是不是典型所代表的性质，也是存疑的。因为典型也只是某些方面的典型。

（2）可靠性条件：一是保证事例具有典型性，二是分析根据要科学、先进。

**【案例】**中国近现代著名历史学家顾颉刚以其《孟姜女故事研究》为代表作，他以孟姜女这个民间传说为切入口，从历史和地理两个系统对其形成过程进行了梳理。此外，他还把过去不为一般学者所重视的街头巷尾的口头传说，当作严肃的学术对象。这个研究成果，不仅为学术界建立了一种全新的传说科学，也为旧学术传统中开始觉醒的青年学者开辟了一条新的学术道路，形成了一种新的学术风气。

［**解析**］顾颉刚的研究方法中包含了典型归纳法。

## 四、科学归纳法

**1. 什么是科学归纳法？**

科学归纳法是在考察一定数量的个体是否具有某种属性的基础上，再考察个体和属性之间的因果联系的逻辑推理方法。比如：

金遇冷时体积缩小，

银遇冷时体积缩小，

铜遇冷时体积缩小，

金、银、铜是金属的部分对象，它们遇冷时分子凝聚力会增强，导致体积缩小。

所以，所有金属遇冷时体积缩小。

**2. 科学归纳法的逻辑形式。**

$S_1$ 是（或不是）P；

$S_2$ 是（或不是）P；

$S_3$ 是（或不是）P；

…………

Sn 是（或不是）P；

$S_1$～Sn 为 S 的部分对象，并且 S 和 P 之间具有因果关系。

所以，所有 S 是（或不是）P。

**3. 科学归纳法的性质和可靠性条件。**

（1）性质：科学归纳法具有或然性。因为只考察了部分对象。

（2）可靠性的条件：一是尽可能多地考察个体；二是因果关系的研究要科学、先进。

**【案例】**战国时期有一名射手，他的名字叫更羸。有一天，他陪同魏王在后花园的一个高台上喝酒。他们看见一只大雁从远处徐徐飞来。魏王对更羸说："听说你的箭法很高明，你能一箭把这大雁射下来吗？"更羸回答说："启禀大王，我根本不用箭，只需空拉弓弦，就能把那只大雁射下来。"魏王说："先生别开玩笑了，一个人的射技怎么会达到如此地步呢？"更羸说："大王如果不信，我可以马上表演给您看。"说话间，大雁已经飞到头顶，只见更羸拉满弓，对魏王说："大王您看！"随后只听弓弦"嘡"的一声，再看那只大雁在空中扑腾了几下，便一头栽落下来。魏王简直不敢相信自己的眼睛，叫道："先生真是神人啊！射技竟然达到如此高超的水准！"更羸放下弓说："我不是什么神人，只是懂得一些道理罢了。"魏王问："什么道理？快给寡人讲讲。"更羸说："我看见这只大雁飞得很慢，而且叫声悲哀。据我多年的经验可知，飞得慢，是由于它体内有严重的创伤；叫声惨，是由于它长久离群而且伤处疼痛。这只伤处疼痛而惊魂未定的大雁，听到我这里弓弦一响，就必然奋起高飞。但由于用力过猛，就会使伤口迸裂，所以就跌落下来。”魏王听完后说道：“先生真是神机妙算啊!”

[解析] 更赢只拉弓而不发箭，就把大雁射下来了，用的是科学归纳推理。选择一类对象中比较典型的部分对象加以考察，并进一步考察这些对象存在某种属性的客观原因，然后得出一般性结论。更赢在多次实践的基础上，不仅知道那些飞得慢、叫声惨的大雁听到弓一响就会跌落下来，而且知道弓响雁落的原因，即受伤的大雁听到弓响后奋起高飞，因用力过猛，致使伤口迸裂而跌落下来。所以这是科学归纳推理。

## 第四节 穆勒五法

古希腊哲学家德谟克里特说过：“宁愿找到一个因果的说明，而不愿获得波斯的王位。”“穆勒五法”就是一种寻求因果联系的逻辑方法。穆勒是英国心理学家、哲学家，他在培根归纳法的基础上，在《逻辑学体系》(1843 年)中区分的五种实验推论的方法，称为“穆勒五法”。

**【案例】**1. 最近进行的一项调查表明，师大附中的学生对滚轴溜冰的着迷程度远胜过其他任何游戏，同时，调查发现，经常玩滚轴溜冰的学生平均学习成绩相对其他学生更好一些。看来，玩滚轴溜冰可以提高学生的学习成绩。

以下哪项为真，最能削弱上面的推论?

A. 师大附中与学生家长签订了协议，如果孩子学习成绩的名次没有排在前 20 名，双方共同禁止学生玩滚轴溜冰。

B. 玩滚轴溜冰能够锻炼身体，保证学习效率的提高。

C. 玩滚轴溜冰的同学受到了学校的有效指导，其中一部分同学才不至于因此荒废学业。

D. 玩滚轴溜冰有助于智力开发，从而提高学习成绩。

[解析] 正确答案：A。倒置因果关系，协议规定成绩好才能玩滚轴溜冰。

**【案例】**2. 1989 年以前，我国文物被盗情况严重，国家主要的博物馆中也发生了多起文物被盗案件，丢失珍贵文物多件。1989 年以后，国家主要的博物馆安装了技术先进的多功能防范系统，结果，此类重大盗窃案件显著减少。这说明多功能防范系统对于保护文物安全起到了重要作用。

以下哪项为真，最能加强上述结论?

A. 20 世纪 90 年代被盗窃的文物中包括一件珍贵的传世工艺品。

B. 从 20 世纪 90 年代开始，私人收藏和小展览中发生的文物失窃案件明显增加。

C. 上述多功能防范系统经过了国家级的技术鉴定。

D. 在 1989—1999 年，国家主要的博物馆为馆内重要的文物所付出的保险金有了较大幅度的增加。

[**解析**] 正确答案：B。题干表面安装防范系统后失窃案减少。B 项的论证是不安装防范系统，盗窃案增加，显然是无因无果的支持项。

**【案例】** 3. 最近的调查显示，许多寻求医疗帮助的人，处于很大的压力之下。医学研究同时显示，压力能够严重影响一个人的免疫系统。因此，当一个人处于压力下的时候，他更可能得病。

下列哪项正确，最能支持上述结论？



A. 许多为职员提供健康保险的企业同时开设压力管理研习班。

B. 许多企业反映职员在感到工作压力增大时，缺勤明显较少。

C. 在放假期间，大学医院的就诊人数显著增加。

D. 在考试期间，大学医院的就诊人数显著增加。

E. 大多数人认为，医院和诊所是有压力的环境。

[**解析**] 正确答案：D。题干表明的因果关系是压力大，容易生病。D 项表明，在考试期间，学生的压力会明显增加，很容易得病。D 项为有因果关系的支持项。



**【案例】** 4. 在过去的十年中，登山设备有了几项改进，这些改进使该运动对于经验丰富的登山者来说更加安全、更加惬意了。然而，虽然有了这些改进，过去十年中登山事故发生率仍旧翻了一番。

如果以上的陈述完全正确，下列哪一项最好地调和了它们之间明显的分歧？

A. 许多登山者误以为使用这些设备会很安全，试图使用新设备去创造他们力所不及的登山业绩。

B. 一些登山事故的发生是由无法预测的天气情况所引起的。

C. 登山尽管是一种危险运动，但对于有经验的登山者，通常不会造成伤害。

D. 在过去的十年中，不仅登山技术有了改进，登山设备也有所改善。

E. 尽管在登山活动中受伤的比例增加了，但在登山活动中死亡的比例没有变。

[**解析**] 正确答案：A。本题需要解释的是，为什么登山设备先进了，但是登山事故发生率反而增加。

【**案例**】5. 一所大学的经济系最近做的一次调查表明，教师的加薪常伴随着全国范围内平均酒类消费量的增加。1980—1985 年，教师平均工资上涨12%，酒类销售量增加了 11.5%；1985—1990 年，教师平均工资上涨了14%，酒类销售量增加了 13.4%；1990—1995 年，酒类销售量增加了 15%，而教师平均工资也上涨了 15.5%。

以下哪项最为恰当地说明了文中引用的调查结果？

A. 当教师有了更多的可支配收入，他们喜欢把多余的钱花在饮酒上。

B. 教师所得越多，花在买书上的钱就越多。

C. 由于教师增多了，人口也就增加了，酒类消费者也会因此而增加。

D. 在文中所涉及的时期里，乡镇酒厂增加了很多。

E. 1980—1995 年，人民生活水平提高了，酒类消费量和教师工资也增加了。

[**解析**] 正确答案：E。说明两类现象有规律地相伴出现，通常的思路是指出它们之间可能存在的因果关系。E 项说明，人民生活水平的提高，是引起教师工资提高和酒类销售量增加两类现象相伴出现的共同原因，作为共同结果相伴出现的这两类现象之间没有因果关系。这最为恰当地说明了题干的调查结果。正如雷鸣和闪电一样，都是由另外的原因引起，二者本身之间并不存在因果关系。

【**案例**】6. 参加跆拳道运动的人比不参加跆拳道运动的人身体更健康，因此，跆拳道运动有助于增进健康。

以下哪一项为真，最能构成对上述结论的质疑？

A. 每年都有少数人在跆拳道运动中受伤。

B. 跆拳道运动能够训练人的反应能力，增强人的敏捷度。

C. 只有身体健康的人才能参加跆拳道运动。

D. 男子比女子更喜爱跆拳道运动。

[**解析**] 正确答案：C。B 项显然有加强作用。C 项如果成立，就说明题干因果倒置，严重削弱结论，因此选 C 项。

## 一、求同法（契合法）

**1. 含义。**考察几个出现某个被研究现象的不同场合，如果各个不同场合除一个条件相同外，其他条件都不同，那么，这个相同条件就是某个被研究现象的原因。因这种方法是异中求同，所以叫作求同法。

**2. 求同法的推理形式。**

| 场合 | 先行情况 | 被研究现象 |
|---|---|---|
| (1) | ABC | a |
| (2) | ADE | a |
| (3) | AFG | a |

…………

所以，A是a的原因。

**【案例】**1960年，英国某农场十万只火鸡和小鸭吃了发霉的花生，结果在几个月内得癌症死了。后来，用这种花生喂羊、猫、鸽子等动物，又产生了同样的结果。1963年，有人又用发霉的花生喂大白鼠、鱼和雪貂，结果也都纷纷得癌症而死。上述各种动物患癌症的前提条件中，对象、时间、环境都不同，唯一共同的因素就是吃了发霉的花生。于是，人们推断：吃了发霉的花生可能是这些动物得癌症死亡的原因。后来通过化验证明，发霉的花生内含黄曲霉素，黄曲霉素是致癌物质。

[**解析**] 这个推断就是通过契合法得出的。

**3. 注意事项：求同法的结论是或然性的。**

为了提高求同法结论的可靠性，应注意以下两点：

(1) 结论的可靠性和考察的场合数量有关。考察的场合越多，结论的可靠性越高。

(2) 有时在研究的各个场合中，共同的因素不止一个，因此，在观察中就应当通过具体分析排除与被研究现象不相关的共同因素。

**【案例】**1. 据说夏威夷群岛中有个海岛，称为“狗叫岛”。在这个岛上的一些地方，人一走动，脚下就会传来“汪汪”的狗叫声。原来，这些地方的表层覆盖着厚达18米的珊瑚、贝壳层，所谓“狗叫”就是从这些物质组成的沙砾里发出来的。如果抓起一把沙砾在手里揉搓，就会发出“狗叫”声。人们后来解开了“狗叫声”的秘密。

[**解析**] 求同法的运用。

**【案例】**2. 最初，人们只知道痢疾是由疟原虫引起的，它一旦钻入人体便会致病。但是，人们并不知道疟原虫是怎样钻进人体的。因此，必须找出传播疟原虫的媒介物，防治痢疾才有可能。1895年7月，英国医生罗斯为寻找传播疟原虫的媒介物，从英国来到了痢疾猖獗的印度。他调查了几个痢疾流行最严重的地区，这些地区的自然条件和社会条件并不相同，但为什么痢疾同样流行呢？他发现这些地区有一个共同特点：蚊子特别多。他想：难道传播疟原虫的是它？后来罗斯经过反复实验，证实了自己的推论，他因此获得了诺贝尔奖。

[解析] 罗斯就是用的求同法。他调查了几个痢疾流行的地区，这些地区的自然条件和社会条件都不同，只有一个唯一的先行情况，即蚊子特别多。于是得出结论：疟原虫通过蚊子钻入人体，是引起痢疾的原因。

**【案例】**3. 某人一连三个晚上失眠，回想起来，第一天晚上看了书，喝了几杯咖啡；第二天晚上也看书，喝了几杯浓茶；第三天晚上同样看了书，还吸了许多香烟。于是，他断定看书是失眠的原因。这个结论显然是不对的，另一个真正的原因他没有注意到，尽管咖啡、浓茶、香烟是不同的东西，但它们却有一个共同的因素，即有大量的兴奋物质，而这才是引起失眠的真正原因。假如再考察第四天和第五天，虽然同样每晚看书，但只喝了几杯白开水，结果失眠现象消失了。这样也就不容易把每晚看书误以为是失眠的原因。

[解析] 求同法的误用。

## 二、求异法（差异法）

**1. 含义。**比较某现象出现的场合和不出现的场合，在先行情况中，如果这两个场合除一点不同外，其他情况都相同，那么这个不同点就是这个现象的原因。因这种方法是同中求异，所以称为求异法。

**2. 求异法的推理形式。**

| 场合 | 先行情况 | 被研究现象 |
|---|---|---|
| (1) | ABC | a |
| (2) | —BC | — |

所以，A 是 a 的原因。

**【案例】**一百多年前，一艘远洋帆船载着五个中国人和几个外国人由中国开往欧洲。途中，除五个中国人外，全病得奄奄一息。经诊断，这些病人都患有坏血病。同乘一艘船，同样是人，同样是风餐露宿，受苦挨饿，漂洋过海，为什么中国人和外国人却相去甚远呢？原来这五个中国人都有喝茶的爱好，而外国人却没有。于是得出结论：喝茶是这五个中国人不得坏血病的原因。

[解析] 这个结论就是用差异法得出的。

**3. 注意事项：差异法是求异除同。**

运用差异法进行比较的两个场合一定要只有一点不同，其他情况都相同。这种条件在通常情况下是少见的，因而差异法常和实验直接相关。运用差异法应注意以下两点：

（1）必须注意排除其他一切差异因素。如果相比较的两个场合还有其他差异因素未被发觉，结论就会被否定或出现误差。

（2）还应注意两个场合唯一不同的情况是被考察现象的全部原因还是部分原因。

**【案例】**1. 在宋朝时，有一部著名的法医著作——郑克的《折狱龟鉴》。其中，有一个叫“烧猪验尸”的故事。



浙江省句章县有一户人家发生了火灾，丈夫被烧死，妻子哭得死去活来。死者之弟怀疑有冤情，告到县衙。句章县的县令张举看了死者的尸体，特别是仔细地查看了死者的口腔，见里面干干净净，便断定是妻子谋杀丈夫。那妇人不服，说是房子偶然失火以至丈夫被烧死。她号啕大哭，说自己家破人亡，县令还要乱加罪名，她的亲戚还要为她抱不平。县令张举把众人请来，当场做了一个“烧猪验尸”的实验。他令人把一头猪杀死，把另一头活猪用绳子捆好四脚，然后把两头猪扔进柴堆，点燃木柴。等大火熄灭后，张举请众人察看两头猪，只见那头被杀死的猪口中干干净净，而那头被烧死的猪张着嘴巴，口中有许多烟灰。县令张举对那妇人说：“凡是在大火中被烧死的人，势必在火中挣扎，口中要吸进许多烟灰。而你的丈夫口中那么干净，说明他是被人杀死的，然后房屋才着火的。由此可以清楚地断定，你的丈夫是被谋杀的。”那妇人听了，脸色发白，双腿发抖，不得不招出了谋杀丈夫的罪行……

[解析] 在这个案子里，张举就是用了差异法。张举对在大火中被烧死的人的口腔与被人杀死的人的口腔做了对比，得出了那妇人的丈夫不是在火中被烧死的结论。

| 先行情况 | 被研究现象 |
| --- | --- |
| 猪先不杀而直接烧死 | 口腔内留下大量烟灰 |
| 猪先杀死再火烧 | 口腔内未留下大量烟灰 |

所以，先不杀而烧死是口腔留下大量烟灰的原因。

**【案例】**2. 两组儿童在一起玩，一组曾看过有暴力镜头的电视节目，另一组则没有看过。在玩耍中，看过有暴力镜头的电视节目的孩子比那些没有看过的孩子表现出更多的暴力行为。因此，若想阻止那些孩子在玩耍中表现出来的暴力行为，就不能允许他们观看有暴力镜头的电视节目。

以下哪一项是上述论证依赖的假设？

A. 有暴力镜头的电视节目收视率很高。

B. 父母对他们孩子的行为应该负责任。

C. 发生在现实中的暴力行为与观看暴力镜头没有必然联系。

D. 导致两组孩子的行为差异的没有其他原因。

［**解析**］正确答案：D。没有其他原因，否则不成立。题干结论说，要阻止那些在玩耍中表现出来的暴力行为，就不能允许他们看有暴力镜头的电视节目。因为正是看了这种电视节目，才导致了孩子的暴力行为。关键在于有没有其他原因导致孩子的暴力行为。如果没有，论证就是成立的。所以选D。



**【案例】** 3.《星岛日报》和《星岛晚报》都有一个专门的校对小组负责防止错别字出现在每天刊出的报刊中。但是《星岛日报》发表的文章中2%的文字有错误，而《星岛晚报》却没有出现此类错误。因此，《星岛晚报》的校对小组在发现错别字方面比《星岛日报》的校对小组更有效率。

以上论述是以以下哪项假设为前提的？

A. 大多数在《星岛日报》上发表的文章中都或多或少有错别字出现。

B. 在《星岛晚报》上发表的文章，在校对之前至少是有错别字存在的。

C. 从总体上看，《星岛晚报》校对小组的成员比《星岛日报》的成员专业素质更高。

D. 一份报纸错别字数量的多少是衡量该报纸编辑工作是否细致的一个重要标准。

E.《星岛晚报》的记者和给该报投稿的作者比《星岛日报》的记者和给该报投稿的作者更认真。

［**解析**］正确答案：B。其他情况相同的前提下都有错别字，才能区分出哪个杂志的校对小组更有效率。

题干结论为：《星岛晚报》的校对小组在发现错别字方面比《星岛日报》更有效率。理由是：《星岛晚报》无文字错误而《星岛日报》有文字错误。本题是使用求异法论证，比较的对象是《星岛日报》和《星岛晚报》，比较的现象是“有无文字错误”，得出的结论是：差异因素（校对小组的效率）是某种现象（有无文字错误）产生的原因。要使这个论证成立，就必须指出除了“校对小组的效率”这个差异因素外，其他先行情况都是相同的。B项指出在校对之前是都存在错别字的。

**【案例】**4. 一位医生给一组等候手术的前列腺肿瘤患者服用他从西红柿中提取的番茄红素制成的胶囊，每天两次，每次15克，3周后发现这组病人的肿瘤明显缩小，有的几乎消失。医生由此推测：番茄红素有缩小前列腺肿瘤的功效。

以下哪项为真，最能支持医生的结论？

A. 服用番茄红素的前列腺肿瘤患者的年龄在45岁～65岁。

B. 服用番茄红素的前列腺肿瘤患者中有少数人的病情相当严重。

C. 还有一组等候手术的前列腺肿瘤患者没有服用番茄红素胶囊，他们的肿瘤没有缩小。

D. 番茄红素不仅存在于西红柿中，也存在于西瓜、葡萄等水果中。



**［解析］**正确答案：C。A、B、D项显然是引入了新概念的无关项，差异法的关键是设立对照组。



**【案例】**5. 科学家给内蒙古的40亩盐碱地施入一些发电厂的脱硫灰渣，结果在这块地里长出了玉米和牧草。由此，科学家得出结论：燃煤电厂的脱硫灰渣可以用来改造盐碱地。

以下哪项为真，最能支持科学家的结论？

A. 用脱硫灰渣改良过的盐碱地中生长的玉米与肥沃土地中玉米的长势差不多。

B. 脱硫灰渣的主要成分是石膏，而用石膏改良盐碱地已经有一百多年的历史。

C. 这40亩试验田旁边没有施用脱硫灰渣的盐碱地上灰蒙蒙一片，连杂草也很少见。

D. 这些脱硫灰渣中重金属及污染物的含量均未超过国家标准。

**［解析］**正确答案：C。C项显然是应用穆勒五法中的差异法来支持题干论证的。

**【案例】**6. 在一项实验中，第一组被试摄入了大量的人造糖，第二组则没有吃糖。结果发现，吃糖的人比没有吃糖的人认知能力差。这一实验说明，人造糖中所含的某种成分会影响人的认知能力。

以下哪项为真，最能支持上述结论？

A. 在上述实验中，第一组被试吃的糖大大超出日常生活中糖的摄入量。

B. 上述人造糖中所含的该种成分也存在于大多数日常食物中。

C. 第一组被试摄入的糖的数量没有超出卫生部门规定的安全范围。

D. 两组被试的认知能力在实验前是相当的。

[**解析**] 正确答案：D。题目试图应用差异法来做实验，其前提就是要保证其他因素相同。D 项排除了食用人造糖之外的原因，因此为支持项。A 项不足为虑，只要两个组有区别即可。

## 三、求同求异并用法（契合差异并用法）

**1. 含义。**如果某个被考察现象出现的各个场合（正事例组）只有一个共同的因素，而这个被考察现象不出现的各个场合（负事例组）都没有这个共同的因素，那么，这个共同的因素就是某个被考察现象的原因。该方法的步骤是两次求同、一次求异。

**2. 契合差异并用法的推理形式。**

| 场合 | 先行情况 | 被研究现象 |
|---|---|---|
| (1) | ABC | a |
| (2) | ADE | a |
| (3) | AFG | a |
| ………… | | |
| (1) | —BC | — |
| (2) | —DE | — |
| (3) | —FG | — |
| ………… | | |

所以，A 是 a 的原因。

【**案例**】某医疗队为了了解甲状腺肿大的原因，先到这种病流行的几个地区巡回调查。发现这些地区地理环境、经济水平都各不相同，但有一点是相同的，即居民常见食物和饮用水中缺碘。医疗队又到一些不流行该病的地区去调查。发现这些地区地理环境、经济水平也各不相同，但有一点是共同的，即居民常见食物和饮用水中不缺碘。医疗队综合上述调查情况后，认为缺碘是导致甲状腺肿大的原因。后来对病人进行补碘治疗，果然疗效甚佳。

[**解析**] 这一结论就是通过契合差异并用法得出来的。

**3. 应用契合差异并用法的注意事项。**

（1）正反两组事例的场合越多，结论的可靠程度就越高。

（2）所选择的负事例组的各个场合，应与正事例组的各个场合在客观类属关系上较近。

## 四、共变法

**1. 含义。**在其他条件不变的情况下，如果某一现象发生变化，另一现象也随之发生相应变化，那么，前一现象就是后一现象的原因。

**2. 共变法的推理形式。**

| 场合 | 先行情况 | 被研究现象 |
|---|---|---|
| (1) | $A_1BC$ | $a_1$ |
| (2) | $A_2BC$ | $a_2$ |
| (3) | $A_3BC$ | $a_3$ |

…………

所以，A 是 a 的原因。





**【案例】**一定压力下的一定量气体，温度升高，体积增大；温度降低，体积缩小。

[**解析**] 气体体积与温度之间的共变关系，说明气体温度的改变是其体积改变的原因。

**3. 应用共变法的注意事项。**

(1) 不能只凭简单观察来确定共变的因果关系，有时两种现象共变，但实际并无因果联系，可能二者都是另一现象引起的结果。如闪电与雷鸣。

(2) 共变法通过两种现象之间的共变，来确定二者之间的因果联系，是以其他条件保持不变为前提的。

(3) 两种现象的共变是有一定限度的，超过这一限度，它们就不再有共变关系。

**【案例】**1. 公元前 342 年，魏国派兵攻打韩国，韩国向齐国求救。齐宣王派田忌和孙膑带兵救援韩国。孙膑又使出他的“围魏救赵”的老法子，不去救韩，而是引兵直接攻打魏国。庞涓接到魏王的告急文书，只好退兵赶回去。这时，齐国的兵马已经深入魏国了。庞涓下马查看齐军扎过营的地方，发现齐军的营盘占了很大地方。他叫人数了数做饭的炉灶，足够十万人吃饭用的。“天呀，怎么这么多人?”庞涓说不出话来。

第二天，庞涓带着大军继续追赶，赶到齐国军队第二次扎营的地方，又命人数了数炉灶，数量大大减少了，只够五万人用的了。庞涓不由得高兴起来。

第三天，魏军继续往回走，他们追到齐国军队第三次扎营的地方，仔细数了数炉灶，只剩下够两三万人用的了。庞涓这才放心，笑着说："我早就知道齐军都是胆小鬼，十万大军到了魏国，才三天工夫，就逃散了一半。哈哈！"他舍弃步兵，带着轻骑部队日夜兼程地沿着齐国军队走过的路线追上去，一直追到马陵（今河北大名县东南），此时天已经黑了。马陵道在两山之间，山路旁都是深涧。庞涓恨不得一步赶上齐国的军队，吩咐大军摸黑往前赶。这时前面的士兵回来报告："前面的路被木头堵住了。"庞涓上前一看，果然见道旁的树全都被砍倒了。细细看去，上面影影绰绰好像写着几个大字，庞涓叫士兵拿火来照。几个士兵点起火把一照，树上写的是："庞涓死于树下。"庞涓大吃一惊，连忙下令撤退，但为时已晚。齐军万箭齐发，杀声震天，魏国军队一片混乱。

原来这是孙膑设下的计谋，他故意天天减少炉灶的数量，引诱庞涓追击上来。庞涓走投无路，只好拔剑自刎。

[**解析**] 庞涓用的是共变法，炉灶减少说明了士兵人数减少。但是，谁知道这种共变是孙膑伪装出来的。

**【案例】**2. 由于外科医生的数量比手术数量增加得快，同时，由于不开刀的药物治疗在越来越多地代替外科手术，近年来每个外科医生的年平均手术量下降了四分之一。由此可以推断，如果这种趋势持续下去，外科医生的医术水平会发生大幅度下降。

以上论证基于以下哪项假设？

A. 除非一个外科医生以一定的最小频率做手术，否则他的医术水平不可能保持下去。

B. 外科医生现在将他们的大部分时间用在不用开刀的药物治疗上。

C. 所有的医生，尤其是外科医生，在医学院所接受的训练比前些年差多了。

D. 每一个外科医生的医术水平近年来都有所下降。

[**解析**] 正确答案：A。发生共变的前提是，如果不保持手术量，就不能保持技术。

**【案例】**3. 科学家发现，一种名为"SK3"的蛋白质在不同年龄的实验鼠脑部的含量与其记忆力密切相关。老年实验鼠脑部"SK3"蛋白质的含量较高，年轻实验鼠较少，而老年实验鼠的记忆力比年轻实验鼠差，因此，科学家认为，脑部"SK3"蛋白质含量增加会导致实验鼠记忆力减退。

以下哪项为真，最能够支持科学家的结论？

A. 在年轻实验鼠中也发现脑部“SK3”蛋白质含量较高的情况。

B. 已发现人类的脑部也含有“SK3”蛋白质。

C. 当科学家设法降低老年实验鼠脑部“SK3”蛋白质的含量后，它们的记忆力出现了好转。

D. 科学家已经弄清了“SK3”蛋白质的分子结构。

[**解析**] 正确答案：C。共变法揭示了降低“SK3”蛋白质含量与记忆力出现好转有可能内在相关。

**【案例】** 4. 壳牌石油公司连续三年在世界 500 强净利润总额排名中位列第一，其主要原因是该公司比其他公司有更多的国际业务。

下列哪项为真，最能够支持上述说法？

A. 与壳牌公司规模相当，但国际业务较少的石油公司的利润都比壳牌石油公司低。

B. 历史上世界 500 强的净利润冠军都是石油公司。

C. 近三年来世界 500 强都在努力走向国际。

D. 近三年来石油和成品油的价格都很稳定。

[**解析**] 正确答案：A。A 项指出，规模相当的其他公司，国际业务少，利润都比壳牌石油公司低，说明了国际业务与利润的共变关系。



## 五、剩余法

**1. 含义。** 如果某一复合现象已确定是由某种复合原因引起的，把其中已确认有因果联系的部分减去，那么，剩余部分也必有因果联系。

**2. 剩余法的推理形式。**

A、B、C 是复杂现象 a、b、c 的复杂原因，
已知 A 是 a 的原因，B 是 b 的原因，
所以，C 是 c 的原因。

**【案例】** 有一次居里夫人和她的丈夫为了弄清一批沥青铀矿样品中是否含有值得提炼的铀，对其含铀量进行了测定。令他们惊讶的是，有几块样品的放射性甚至比纯铀的还要大。这就意味着，在这些沥青铀矿中一定含有别的放射性元素。同时，这些未知的放射性元素只能是非常少量的，因为用普通的化学分析法不能测出它们来。量小放射性又那样强，说明该元素的放射性要远远高于铀。1898 年 7 月，他们终于分离出放射性比铀强 400 倍的钋。

[**解析**] 该元素的发现应用的是剩余法。

**3. 应用剩余法的注意事项。**

（1）确知复杂现象的复杂原因及其部分对应关系，不得有误差，否则结论就不可靠。

（2）复合现象剩余部分的原因，可能又是复杂情况，这要进行再分析，不能轻率地下结论。

**【案例】**1. 在天体力学史上，海王星的发现成为万有引力定律的一次凯旋，也成为归纳法的一大胜利，因而成为科学史上的一段佳话。可是，后来当天文学家们发现水星运动的异常，再用相同的归纳法去解释的时候，它却不中用了。为了解释水星的运动现象，勒维烈用归纳法推断出有一颗未知行星的存在，甚至给它取了名字，害得很多天文学家在近五十年里孜孜不倦地寻找这颗“新星”。结果，这颗“新星”并不存在。直到爱因斯坦建立相对论后才弄清楚，水星运动的异常根本不是万有引力造成的，而是一种相对论效应。

［解析］在此案例中，勒维烈所运用的归纳法是穆勒五法中的“剩余法”。“穆勒五法”是以比较对象的异同为基础的，这种比较的同一和差异，也可能仅是表面现象的同一和差异。如果属于这种情况，结论就未必是正确的了。勒维烈运用归纳法正确地预测了海王星的存在，说明他当时发现的海王星的异常与万有引力之间确实存在着本质的联系。而水星的运动异常与万有引力并无内在联系，是非本质差异。同样是勒维烈，用同样的归纳法，要解决的是同样的问题，前者成功了，后者却失败了，这也暴露了归纳法的局限性。

**【案例】**2. 电视剧《廉吏于成龙》中描写：清官于成龙有一天去临县办事，途中看见两个壮汉用木板抬着一个用棉被盖起来的女病人，两边还有三个壮汉跟随，一路上几名壮汉不断轮换抬病人，而且显得很累。于成龙见状心生疑虑：一个妇人哪有这么重？这其中肯定另有原因。于是派人一查，结果发现木板上除了女病人外，还有许多偷来的金银珠宝。

［解析］在此案例中，有两组复合现象：木板及所载重物与抬木板的壮汉的负重能力。根据经验可知，两个壮汉抬一个女病人及木板，应该不会吃力。于是，可推断有另外的重量使壮汉显得吃力。这就运用了剩余法。

## 一、思考题

1. 什么是归纳推理？它和演绎推理的区别是什么？

2. 简单枚举法和科学归纳法的区别是什么？

3. 什么是求同法、求异法、求同求异并用法？运用这些逻辑方法时要注意什么问题？

4. 什么是共变法？运用共变法时要注意什么问题？

5. 什么是剩余法？运用剩余法时要注意什么问题？

## 二、练习题

1. 下列推理属于何种归纳推理？请写出它们的逻辑形式。

（1）带鱼只用腮进行呼吸，鲤鱼只用腮进行呼吸，鲫鱼只用腮进行呼吸，所以，所有鱼都用腮进行呼吸。

（2）根据三角形的角的大小，可分为直角三角形、钝角三角形和锐角三角形，它们的内角之和都等于 180 度；所以，所有三角形内角之和都等于 180 度。

（3）从井里向上提水时，当水桶还在水中时不觉得重，水桶一离开水面就觉得很重。在水里搬运石头要比在岸上搬运它轻得多，游泳时很容易托起另一个在水里的人。这些事实使我们得出结论：水对于它里面的物体，一定有一种向上托起的力量，即浮力。因此，我们才会觉得物体在水中变轻了。

2. 分析下列各题运用了何种探求因果联系的逻辑方法。

（1）棉花能够保温，积雪也能够保温。棉花是植物纤维，而雪是由水冻结而成的。虽然二者很不相同，但它们都是疏松多孔的。所以，疏松多孔的东西能够有保温作用。

（2）有一片松树林树干高而细，树叶枯而黄。据调查，这片松树林植株过密，而且由于不恰当地开发水源造成土壤盐碱度上升。已知树干高而细是植株过密造成的。因此，可以得出树叶枯黄是土壤盐碱度上升引起的。

（3）达尔文在研究动物和环境的关系时发现，不同类的动物如果生活在相同的环境中，常常呈现出相同的外形。鲨鱼属于鱼类，鱼龙则属于爬行类，海豚属于哺乳类，种类不同，但由于长期生活在相同的环境中，外形很相似，身体都是菱形的，都有胸、背和尾。反之，同类的动物生活在不同的环境中，就呈现出不同的外形。比如狼、鲸、蝙蝠都是哺乳类，但由于生活条件不同，外形就不同，狼适于奔跑，鲸适于游泳，蝙蝠适于飞翔。由此可知，生物的形态与生活条件和环境因素有关。

## 三、辨析题

1. 社会成员的幸福感是可以用现代手段精确量化的。衡量一项社会改革措施是否成功，要看社会成员的幸福感总量是否增加。S 市最近推出的福利改革明显增加了公务员的幸福感总量，因此，这项改革措施是成功的。

以下哪项为真，最能削弱上述论证？

A. 上述改革措施并没有增加 S 市所有公务员的幸福感。

B. S 市公务员只占全市成员很少的比例。

C. 上述改革措施在增加公务员幸福感的同时，减少了 S 市民营企业人员的幸福感总量。

D. 上述改革措施在增加公务员幸福感的同时，减少了 S 市全体成员的幸福感总量。

E. 上述改革措施已经引起了 S 市市民的广泛讨论。

2. 婚礼看得见，爱情看不见；情书看得见，思念看不见；花朵看得见，春天看不见；水果看得见，营养看不见；帮助看得见，关心看不见；刮风看得见，空气看不见；文凭看得见，水平看不见。有人由此得出结论：看不见的东西比看得见的东西更有价值。

下面哪个选项使用了与题干中相同的推理方法？

A. 三角形可以分为直角三角形、钝角三角形和锐角三角形。直角三角形的三内角之和等于 180 度，钝角三角形的三内角之和等于 180 度，锐角三角形的三内角之和等于 180 度。所以，三角形的三内角之和都等于 180 度。

B. 我喜欢“偶然”胜过“必然”。你看，奥运会比赛中充满了悬念，比赛因此激动人心；艺术家的创作大多出自“灵机一动”，科学家的发现与发明常常与“直觉”“灵感”“顿悟”“机遇”连在一起；在茫茫人海中偶然碰到“他”或“她”，相互射出丘比特之箭，成就人生中最美好的一段姻缘。因此，我爱“偶然”，我要高呼“偶然性万岁”！

C. 外科医生在给病人做手术时可以看 X 光片，律师在为被告辩护时可以看辩护书，建筑师在建房子时可以对照设计图，教师在备课时可以看各种参考书，为什么不允许学生在考试时看教科书和其他相关资料？

D. 铜受热体积膨胀，铁受热体积膨胀，铝受热体积膨胀，铜、铁、铝都是金属；我们知道分子受热后其间距增加，这是导致体积膨胀的内在原因。所以，我们可以确定，一般情况下，金属受热体积都会膨胀。

3. 美国的一个动物保护组织试图改变蝙蝠在人们心目中一直以来的恐怖形象。这个组织认为，蝙蝠之所以让人觉得可怕并遭到捕杀，仅仅是因为这些动物在夜间表现得特别活跃。

以下哪项为真，将对上述动物保护组织的观点构成最强烈的质疑？

A. 蝙蝠之所以能在夜间特别活跃，是由于它们具有在夜间感知各种射线和声波的特殊能力。

B. 蝙蝠是夜间飞行的昆虫的主要捕食者，在这些夜间飞行的昆虫中，有很多是危害人类健康的。

C. 蝙蝠在中国及其他许多国家都被认为是一种恐怖的动物。

D. 美国人熟知的浣熊和中国人熟知的老鼠，都是在夜间特别活跃的动物，但在众人的印象中一般并不恐怖。

E. 许多视觉艺术，特别是动画片，丑化了蝙蝠的形象。

4. 去年，有 5 000 人死于醉酒，有 4 000 人死于开车，但只有 500 人死于醉酒开车。因此，醉酒开车比单纯醉酒或者单纯开车安全。

以下哪项陈述为真，将最有力地削弱上述论证?

A. 不能仅从死亡绝对数量的多少判断某种行为方式的安全性。

B. 醉酒导致意识模糊，醉酒开车大大增加了酿成交通事故的危险性。

C. 醉酒开车死亡的数目已分别包含在醉酒死亡的数目和开车死亡的数目之中。

D. 醉酒死亡的概率不到 0.01%，开车死亡的概率是 0.015 1%，醉酒开车死亡的概率是 33%。

5. 在上个狩猎季，在人行道上行走时被汽车撞伤的人数是在树林中打猎事故中受伤人数的两倍。因此，在上个狩猎季，人们在树林里比在人行道上行走时安全。

为了评价上述论证，下面哪项是必须知道的?

A. 下个狩猎季，在树林中打猎受伤的人数较上一季减少的可能性。

B. 上个狩猎季，马路上的行人和树林中的人数的比例。

C. 在上个狩猎季中，打猎事故中受伤的人中有多少在过去的类似事故中也受过伤。

D. 如果汽车司机和开枪的猎手都小心点，有多少事故可以免于发生。

6. 一位社会学家对两组青少年进行了研究。第一组成员每周看含暴力内容的影视作品的时间不少于 10 小时，第二组则不多于 2 小时。结果发现，第一组成员中举止粗鲁者所占的比例要远高于第二组。因此，此项研究认为，多看含暴力内容的影视作品容易导致青少年举止粗鲁。

以下哪项将对上述研究的结论提出质疑?

A. 第一组中有的成员的行为并不粗鲁。

B. 第二组中有的成员的行为比第一组的成员的行为粗鲁。

C. 第二组中很多成员的行为很文明。

D. 第一组中有的成员的文明行为是父母从小教育的结果，这使得他们能抵制暴力影视作品的不良影响。

E. 第一组中有很多成员的粗鲁举止是从小养成的，这使得他们特别爱看暴力影视作品。

7. 威胁美国的飓风是由非洲西海岸高气压的触发而形成的。每当在撒哈拉沙漠以南的地区有大量的降雨之后，美国就会遇到特别频繁的飓风袭击。所以，大量的降雨一定是提升气流的压力进而形成飓风的原因。

以下哪项论证所包含的缺陷与上述论证中的最相似？

A. 汽车在长街道上比在短街道上开得更快，所以，长街道上的行人比短街道上的行人更危险。

B. 许多后来成为企业家的人，他们在上大学时经常参加竞争性的体育运动。所以，参加竞争性的体育运动一定能促使人成为企业家。

C. 桑菊的花瓣在正午时会合拢，所以，桑菊的花瓣在夜间时一定会张开。

D. 东欧的事件会影响中美洲的政治局势，所以，东欧的自由化会导致中美洲的自由化。

E. 尽管许多连锁经营店盈利较多，但是把这种商业模式的成功仅仅归功于这种经营模式是没有道理的，因为只有资金雄厚的商家才能这样做。

8. 我国著名的地质学家李四光，在对东北的地质结构进行了长期深入的调查研究之后发现，松辽平原的地质结构与中亚细亚极为相似。他推断，既然中亚细亚蕴藏了大量石油，那么松辽平原很可能也蕴藏了大量的石油。后来，大庆油田的开发证明了李四光的推断是正确的。

以下哪项与李四光的推理方式最为相似？

A. 他山之石，可以攻玉。

B. 邻居买彩票中了大奖，小张受此启发，也去买了体育彩票，结果没有中奖。

C. 某乡镇领导在考察了荷兰等国的花卉市场后认为要大力发展规模经济，回来后组织全乡镇种大葱，结果大葱严重滞销。

D. 每到炎热的夏天，许多商店就会腾出一大块地方卖羊毛衫、长袖衬衣、冬靴等冬季商品，进行反季节销售，结果都很有市场，小王受此启发，决定在冬季种植西瓜。

E. 乌兹别克斯坦盛产长绒棉。新疆塔里木河流域和乌兹别克斯坦在日照情况、霜期长短、气温高低、降雨量等方面均相似，科研人员受此启发，将长绒棉移植到塔里木河流域，果然获得了成功。

9. 通常的高山反应是由高海拔地区空气中缺氧造成的，当缺氧条件改变时，症状可以很快消失。急性脑血管梗阻也具有脑缺氧的症状，如不及时恰当处理会危及生命。由于急性脑血管梗阻的症状与普通高山反应相似，因此，在高海拔地区，急性脑血管梗阻这种病特别危险。

以下哪项最可能是上述论证所假设的？

A. 普通高山反应和急性脑血管梗阻的医疗处理是不同的。

B. 高山反应不会诱发急性脑血管梗阻。

C. 急性脑血管梗阻如及时恰当处理不会危及生命。

D. 高海拔地区缺少抢救和医治急性脑血管梗阻的条件。

10. 尽管迈克一贯胃口不好，但是他却非常喜欢在德普饭店吃的三顿饭。然而不幸的是，他每次饭后都生了病。第一次，他吃了一块巨大的香肠比萨，外加一份辣椒；第二次，他尽其所能地吃了“吃你所能吃炸虾”和辣椒特价菜；第三次，他就着辣椒吃了两个大肉团三明治。因为这三顿饭中每次都有的菜只有辣椒，所以迈克推论出他生病就是因为德普饭店的辣椒。

迈克的推论最易受到下列哪项的否定？

A. 作为得出他的结论的基础，在德普饭店食用包含辣椒的饭的次数太少了。

B. 他在没有确定假设的原因是否先于假设的结果的情况下，假定了一个因果关系。

C. 他想让自己继续在德普饭店进餐的愿望使他的结论带上了偏见。

D. 他没有证明每个在德普饭店吃过辣椒的人都生了病。

E. 他忽略了这样的事实，即对他来说这三餐饭他都吃得太多了。

11. 一项对西部山区小塘村的调查发现，小塘村约五分之三的儿童进入中学后出现中度以上的近视，而他们的父母及祖辈没有机会到正规学校接受教育，很少出现近视。

以下哪项作为上述断定的结论最为恰当？

A. 接受文化教育是造成近视的原因。

B. 只有在儿童期接受正式教育才易于造成近视。

C. 阅读和课堂作业带来的视觉压力必然造成儿童近视。

D. 文化教育的发展和近视现象的出现有密切关系。

E. 小塘村约有五分之二的儿童是文盲。

# 第八章　类比推理和科学假说

## 第一节　类比推理

### 一、什么是类比推理

类比推理是根据两个（类）对象在一系列属性上相同或相似，推知它们在另一属性上也相同或相似的推理。

**【案例】**1. 据科学史记载，“光波”概念的提出者，荷兰物理学家、数学家克里斯蒂安·惠更斯曾将光和声这两类现象进行比较，发现它们具有一系列相同的性质，比如直线传播、有反射和干扰等，又已知声是由一种周期运动所引起的、呈波动的状态。由此，惠更斯做出推理，认为光也可能呈波动状态，从而提出了“光波”这一科学概念。

**[解析]** 惠更斯在这里运用的推理就是类比推理。

**【案例】**2. 人们通过对地球的认识，认为火星上也可能有生命。其推理过程如下：

> 地球是行星，绕轴自转，有昼夜，被大气包围，有水，有生命现象。
> 火星是行星，绕轴自转，有昼夜，被大气包围，有水。
> 所以，火星上可能有生命。

**[解析]** 类比推理。根据地球和火星的相似之处，比如都是行星，都绕轴自转，有昼夜，被大气包围，有水等。再从地球上有生命现象，推出火星上也可能有生命。

**【案例】** 3. 1816 年的一天，法国医生雷奈克出诊为一位年轻的女性看病，一见病人，雷奈克就犯起愁来。她身体非常肥胖，要诊断她的心脏和肺部是否正常，按当时医生惯用的方法，即把耳朵贴近病人的胸部来听，肯定听不清楚，更何况她是一位年轻的女性。雷奈克抬头看了看在院子里玩耍的小孩，脑海里突然浮现出几年前看到孩子们玩的一个游戏：一个孩子用钉子敲打木头的一头，另外的孩子争先恐后地跑着把耳朵贴近木板的另一头，兴致勃勃地听着。

为什么木头能够把声音清晰地传过来呢？雷奈克想了想，只见他狠狠地拍了一下手说："就是这样，就是这样！"雷奈克要来一叠纸，紧紧地卷成一个卷，然后把纸卷的一端放在姑娘的胸部，另一端放在自己的耳朵上，侧着脸听了起来。"真是一个妙法！"雷奈克高兴地喊了一声。回到家里，雷奈克找到一根木棍，制成了历史上第一个听诊器。

**[解析]** 类比推理。这个例子讲到法国医生雷奈克从小孩玩的游戏想到制作听诊器，从用纸卷制作到用木棍制作，主要使用了类比推理。



**【案例】** 4. 齐国大夫郗石夫谋反叛乱，被齐宣王杀掉了。齐宣王还准备杀尽他的全族。郗石夫的族人很多，大家聚在一起商量办法。有人提出，别人的话，齐宣王是听不进去的，只有艾子机智聪明，他很得齐宣王的信任，咱们都去求艾子吧！于是，全族的人都来求艾子。艾子笑着说："这事不难，你们去给我找根绳子来，马上就可以免掉灾祸。"大家都以为艾子在开玩笑，但谁也不好深问，只好按照艾子的要求，找了一根绳子给他。艾子把绳子揣在怀里，去见齐宣王。他对齐宣王说："郗石夫这个人，包藏祸心，谋反叛乱，大王您把他当众杀掉，是完全应该的。不过，干这坏事的只有郗石夫自己，他的族人没有参与，没有罪过，大王您是要把他全族的人斩尽杀绝，这是仁德的君王应当做的吗?"齐宣王回答说："这不是我本人的意思，是前代君王定下来的法律明确规定的。政典里就有这样的话：凡与叛乱者同宗族的人，都必须杀掉，不能赦免。"艾子点点头说："我也知道大王是出于不得已！请听我再说两句。过去公子巫曾经把邯郸这个地方献给秦国，公子巫也是大王的至亲，大王也就成了叛臣的宗族了，按照先王定下来的法律，大王也应该连坐问罪。现在我带了根绳子交给大王，请大王今天就处置自己，免得有损前代君王定下的法律。"齐宣王听后站起来说："艾先生，不用再说了，我这就赦免他们。"

**[解析]** 艾子凭他的聪明机智救了郗石夫的族人。艾子在与齐宣王的对话中包含了这样一个道理：公子巫犯有叛乱罪，大王是公子巫同宗族的人，按照前代定下来的法律，大王该连坐问罪，但是大王没有问自己的罪；郗石夫犯有叛乱罪，他们是郗石夫的族人，按先王定下来的法律，他们该连坐问罪；

所以，大王可以不问他们的罪。这里也运用了类比推理。

**【案例】**5. 孔子对子夏说："商，你知道君主之所以能做君主的道理吗？"

子夏说："鱼如果失去水就会死亡，水如果失去鱼依旧是水。"

孔子说："商，你已经懂得这个道理了。"

**［解析］**这个例子介于类比和比喻之间。

**【案例】**6. 楚襄王问宋玉说："先生的行为大概有些问题吧？为什么士人百姓都对你很不称赞呢？"

宋玉回答说："有这种事，希望大王能够让我把话说完。有一位客人在国都唱歌，他一开始唱《下里》《巴人》，国内跟着他唱的人有好几千人；他唱《阳阿》《薤露》，国内跟着他唱的也有好几百人；他唱《阳春》《白雪》，国内能跟着他唱的，只有几十人罢了；等到他高唱商音，细吟羽音，又夹杂流畅的徽音，国内能跟着他唱的，就只有几个人了。这就表示，曲调越高，唱和的人就越少。"

"所以，鸟类当中有凤，鱼类之中有鲸，凤鸟展翼一飞可达九千里的天空，穿越浮云，背负苍天，飞翔在极高极阔的天际，那些生活在篱笆间的小鸟，又怎么能够和它一起讨论天地的高低呢？鲲鱼早上从昆仑山出发，到碣石露出背鳍，晚上住在孟诸泽，那些生活在一尺多宽的水池里的小鱼，又怎么能够和它讨论江海的大小呢？所以世界上不只鸟中有凤，鱼中有鲲，士人之中也有，圣人卓异的思想、不平凡的行为，傲然独立，与众不同，世俗的百姓又怎么能了解臣的行为呢？"

**［解析］**类比推理。将凤凰、鲲鱼和一般鸟类、鱼类的关系与人类的曲高和寡进行对比。

## 二、类比推理的形式

可以符号化为：

A 有 a、b、c、d，<br>
B 有 a、b、c，<br>
所以，B 也有 d。

## 三、类比推理的类型

**1. 肯定类比。**

A 有 a、b、c、d，

B有a、b、c，
所以，B也有d。

**2. 否定类比。**

A有a、b、c、d，
B无a、b、c，
所以，B也无d。

**3. 综合类比。**

A有a、b、c，p、q、r，还有x，
B有a、b、c，但无p、q、r，
所以，可能B有x（无x）。



## 四、运用类比推理的注意事项及逻辑错误

**1. 注意事项。**比较的两类属性已有的相同点或相似点要多。相同属性与比较属性相关度高。

**2. 逻辑错误：机械类比。**

**【案例】**1. 从前有两个人在街上卖东西，一个卖枣，一个卖核桃。卖枣子的大声喊叫："快来买枣啊！我的枣实在好，大枣小核，小枣无核。"结果，枣一会儿就卖光了。那个卖核桃的见了十分羡慕，便也喊道："快来买核桃啊！我的核桃实在好，大核桃小仁，小核桃无仁。"结果，经这一喊更无人买核桃了。

［**解析**］两类货物无可比性。

**【案例】**2. 李载仁是唐王室李家的后人。他避乱到了江陵，在当地任推官。李载仁不吃猪肉。一天，他应邀出门，刚上马，他的两个随从便开始吵架，双方还动了手。李载仁大怒，要重重地处罚两个人。他命人从厨房拿来大饼和猪肉，命打架的两个人面对面地吃大饼和猪肉，并且郑重其事地对他们说："以后谁再打架，还要加重处罚，肉里还要加上大油，叫你们也知道我的厉害。"他自己不吃猪肉，把吃猪肉看作一种惩罚，就以为别人也是这样。

［**解析**］这里犯了机械类比的错误。从自己不喜欢吃大饼和猪肉，推出两个随从也不喜欢吃，因此惩罚他们吃。

**【案例】**3. 徐公是齐国公认的美男子，齐国大夫邹忌也长得相貌堂堂。有一天，邹忌问妻子："我和城北的徐公比，谁长得更美？"妻子毫不犹豫地说：

"您美极了，徐公哪能比得上您呢?"邹忌不大相信，又去问他的妾。妾害怕地说："那还用问，当然是您更美。"过了一天，有个客人来访，谈话间，邹忌又顺便问了客人："你看，我和徐公比，谁美?"客人赔着笑说："徐公比不上您。"邹忌听了，仍不自信。一天，正好徐公来访，邹忌仔细端详了徐公，发现自己的相貌比不上徐公。邹忌想：我明明不如徐公美，为什么别人都说我比徐公美呢？他终于悟出："妻子说我美，是因为妻子偏爱我；妾说我美，是因为惧怕我；客人说我美，是因为有求于我。"邹忌由此联想到一国之君所受的蒙蔽就更多了。

于是他上朝去见齐王，对齐王说："我确实知道自己不如徐公美，但我的妻子偏爱我，妾惧怕我，朋友有求于我，因此都说我比徐公美。如今大王的左右仆人和宫里的后妃没有一个不偏爱大王的，满朝大臣没有一个不惧怕大王的，四海之内的百姓没有一个不有求于大王的！这样看来，大王您所受的蒙蔽实在是太厉害了。"

齐王听了以后说："你说得对!"于是下令："今后无论官员百姓，凡能当面指出我的过失的，受上等赏赐；凡能上书批评我过失的，受中等赏赐；凡能议论我的不是而让我听到的，受下等赏赐。"命令一出，群臣纷纷进言上书。齐王闻过必改，励精图治，国势由此大振，燕、赵、韩、魏等国都派使臣来朝见。

[**解析**] 邹忌在进谏时，通过类比自己的生活环境与齐王的生活环境，推测因为仆人及后妃偏爱、群臣惧怕、百姓有求于齐王而不敢直言进谏。齐王听后大悟，虚心采纳了邹忌的建议，使齐国强盛起来。

**【案例】**4. 伯乐是相马专家，著有《相马经》，其子却不会相马。一天，伯乐的儿子看到了一只蛤蟆，对伯乐说："爸爸，这是一匹好马。你看，额、眼、腿跟你在《相马经》中说的一模一样，就是蹄子不大一样。"

[**解析**] 儿子犯了机械类比的错误，只根据表面的相似推出了荒谬的结论。

**【案例】**5. 秦国攻打赵国的长平，齐、燕派兵援救。秦王谋划说："齐、燕救赵，如果他们的关系亲密，我们就要退兵；如果关系不亲密，我们就毫不犹豫地进攻。"

赵国没有东西给军队吃，向齐国借粮，齐国不答应。周子对齐王说："不如答应赵国，以便使秦国退兵；不答应，秦军就不会撤退，这就中了秦国的计谋，齐、燕的谋划自然是有问题的。而且赵国对于齐、燕，实际是起屏障作用，就像唇与齿的关系，失掉唇，齿就会感到寒冷。今天如果灭了赵，明天就轮到齐、燕了。再说，救赵的事非常紧急，应当像捧着漏了酒的瓮和烧干了的锅那样急切。须知，援救赵国，是崇高的道义；击退秦兵，是显赫的功绩。主持正义而救援将亡的赵国，发挥威势而击退强秦的军队，不致力于做这些光彩的大事，而注重于节约粮食。为国家这样谋划就大错特错了。”

［**解析**］周子把赵国与齐、燕的关系类比为唇亡齿寒。

**【案例】**6. 清末大学者辜鸿铭，学贯中西但思想非常守旧，他一直死抱着一夫多妻的论调不放。有一回，几个奉行女权主义的女人公然质问辜鸿铭：凭什么男人能娶多个老婆，女人就不能娶几个男人？只见老先生得意地指着桌子上的茶具说道：“自古只有一个茶壶配四个茶杯，哪有一个茶杯配四个茶壶的道理？”

［**解析**］机械类比。辜鸿铭把一夫多妻与一个茶壶配几个茶杯进行类比，是一种机械类比。



**【案例】**7. 赵太后刚刚掌权，秦国就加紧进攻赵国。赵国向齐国求救，齐国说一定要把长安君作为人质才出兵。赵太后不同意，大臣们极力劝谏。太后明确地对左右侍臣说：“再有说让长安君为人质的，我老太婆一定朝他脸上吐口水！”

左帅触龙对侍臣说，希望拜见太后。太后气冲冲地等着他。触龙就用快走的姿势慢慢地走着小步，到太后面前谢罪说：“老臣的脚有毛病，竟不能快跑，不能拜见您有很长时间了。我私下原谅了自己，但是又怕太后的福体有恙，所以还是想来拜见太后。”太后说：“我也是脚有毛病，要靠手推车行动。”触龙说：“您每天的饮食该不会减少吧？”太后说：“就靠喝点粥罢了。”触龙说：“老臣近来特别不想吃饭，于是强迫自己散步，每天走三四里，稍微增加了喜欢吃的食物，身体也舒适些了。”太后说：“我不能像您那样散步。”太后的脸色稍微和缓了些。

左帅公说：“犬子舒祺年龄最小，不成器，可是臣已衰老，私心又疼爱他，希望您让他加入黑衣卫士，来保卫王宫。我冒死来求您！”太后说：“答应您！年龄多大了？”触龙回答：“十五岁了。虽然还小，但想趁我未死之前来托付给您。”太后说：“男人也疼爱小儿子吗？”触龙回答：“比女人爱得多些。”太后笑着说：“女人爱得特别深。”触龙回答：“老臣认为您爱燕后超过爱长安君。”太后说：“您错了，不像爱长安君那样深。”左师公说：“父母爱子女，就要为他们考虑得长远些。太后送燕后出嫁时，她上了车，还握着她的脚后跟为她哭泣，惦念她的远嫁，这也够伤心的了。送走以后，不是不想念她了；但每逢祭祀您一定为她祈祷说：'一定别让她回来啊！'这难道不是从长远考虑，希望她有子孙相继为王吗？"太后说："是这样。"

左帅公说："从现在算起往上推三代，一直到赵氏建立赵国的时候，赵王的子孙凡被封侯的，他们的继承人还有在侯位的吗？"太后说："没有。"触龙又问："不仅赵国没有，其他诸侯国子孙被封侯的，其继承人有在侯位的吗？"太后说："我没有听说过。"触龙说："正是在这些被封侯的人中，近的灾祸及于自身，远的灾祸及其子孙。难道是国君的子孙就一定不好吗？根本的原因是他们地位高贵却没有功，俸禄优厚却没有劳，而且拥有的宝器太多。现在您让长安君的地位高贵，并且把肥沃的土地封给他，还给他很多宝器，却不趁您健在时让他有功于国，一旦您驾崩了，长安君凭什么在赵国立身呢？老臣认为您为长安君考虑得太短浅，所以认为您对长安君的爱不如燕后。"太后说："您说得对。任凭您怎样支使他吧！"

于是为长安君备车一百乘，到齐国去做人质，齐国才出兵。

［**解析**］这是一个类比论证，将长安君和触龙的儿子进行类比，也和燕后进行类比。

**【案例】**8. 鲁班是春秋时期鲁国的能工巧匠。有一次，他承建一座大宫殿，需要许多木材，用斧子砍伐费工又费时，怎么也供应不上。他很着急，就亲自上山去砍树。谁知山高路陡，鲁班只好攀缘而上。突然，什么东西划了一下他的手，血立即流了出来。鲁班低头察看，原来是他抓住了路边的草。鲁班根本没有想到草长长的叶子两边呈齿状。会不会是这齿状的叶子作怪？他试了试。柔弱的齿状叶竟又把他的手割了一道口子。柔弱的齿状叶竟然如此锋利，那么齿状的铁片不是更加锋利吗？用齿状的铁片割树，岂不是可以加快速度？鲁班想到这里，高兴得顾不上手痛，立即跑回去，想啊想，试啊试，经过反复的试验和改进，终于制造出了锯子。鲁班发明了锯子以后，不但解决了当时砍伐木材的问题，而且给后人留下了锋利的伐木工具。

鲁班还发明了木船。有一次，鲁班应海边老百姓的要求，造一个能出海打鱼的东西。鲁班费了很多心思，想了又想，做了又做，还是做不出来。一天，鲁班的妻子到河边去洗衣服，一阵风刮过来，鞋子被吹到河里，向远处漂去。她心里一着急，"扑通"一声跳进河里，把鞋子捞了上来。他妻子一回到家，就把这事对鲁班说了。鲁班一听，感到很奇怪，鞋子掉到水里为什么不沉下去？他朝妻子的鞋上瞟了一眼，然后拿过鞋子仔细地看了又看，忽然像发现了什么似的，大声叫了起来："一是空心，二是不漏水，空心又不漏水，就不会沉到水里去了！"于是，鲁班就仿照鞋的样子打造了一只可供出海打鱼用的木船。

[**解析**] 鲁班发明伐木工具和木船，就是运用了类比推理。

【**案例**】9. 据《益智编》记载，明朝时，冠氏县有一个妇女路过瓜园，顺手摘了一个瓜给小孩吃。瓜主发现后，抓住了她，把她送到县衙。瓜主想，偷一个西瓜也不能治罪呀！怎么办？他灵机一动，便自己摘了30多个瓜，送到官府，诬告是妇女摘的。妇女一面流泪，一面叫冤。县令唐公问瓜主："妇人偷瓜时带什么样子的筐子和篮子？"瓜主说："她没有带东西。""那好，现在你抱着孩子，把地上30多个瓜捡起来。""什么？我抱孩子捡瓜……"瓜主慌了。"还不快捡！"唐公大喝一声。瓜主抱着孩子还没有捡起来10个瓜，就抱不住了。唐公哈哈一笑，对瓜主说："你连10个瓜都捡不起来，她能偷你30多个瓜？"瓜主连忙承认是他有意诬告。



[**解析**] 县令唐公侦破此案，用的是类比推理。瓜主与妇女都是人，不用筐子、篮子，抱着小孩，这些就是共同属性，瓜主还具有"一个人无法抱住30多个瓜"的属性，所以，那个妇女也应该具有这样的属性。因此，妇女不可能偷其30多个瓜。



【**案例**】10. 我可以把一些外在符号跟一些内心事件关联起来，比如，将呻吟、脸的扭曲跟痛的感受关联起来。我从痛的体验中得知，当我有痛感的时候，往往就会呻吟和面部扭曲。因此，一旦我看到他人有相同的外在符号时，我就理所当然地认为，他们也有与我相同的内心事件。毕竟我和他人之间，在行为举止和通常的生理功能方面，显然是类似的，为什么在内心活动方面不也相类似呢？

下面哪一项能够最有力地支持上面的论证？

A. 相似的结果一定有相似的原因。

B. 痛感与呻吟和脸扭曲之间可能有密切的联系。

C. 行为举止与内心活动也许有某种内在关联。

D. 人与人之间有很多方面都是相似的。

[**解析**] 正确答案：A。有时候四个答案都有支持作用，需要我们掂量它们之间哪个支持的力度更大。这里有个快捷的方法，就是千万不要偏离论证主线，在主线上的就是最佳支持，而且和题干重复的选项可以迅速排除。A项为充分支持。B项中的论证虽然支持，但偏离了主线，不如A项，排除。C项"也许"用词保守，不如A项。D项宽泛，显然偏离了主线。所以选A。

**【案例】** 11. 东施效颦。西施是春秋末年越国有名的美女。西施得了心痛病，经常用手按住胸口，皱着眉头，从村里走过。村里人见她那副表情，觉得比平时另有一番妩媚的风姿。同村有个丑女东施，听到人家赞扬西施，于是学着西施皱眉的样子，故意用手捂住胸口，慢吞吞地从村口走过。村里人见了她这副怪模怪样，一个个躲得远远的，富人忙关上门，看也不看她；穷人见了，赶紧带着妻子儿女走开了。大胆的老妇人挖苦她说："哈哈！你一皱眉，眉头间的皱纹更深，捂住胸口又弯着腰，倒像个老太婆了。"

［**解析**］这里丑女模仿西施，犯了机械类比的错误。

**【案例】** 12. 晏子将要出使楚国。楚王听到这个消息，对手下说："晏婴是齐国善于言辞的人，今天他将要来，我想要侮辱他，用什么办法呢？"手下回答说："当他到来时，请允许我们绑着一个人从大王面前走过。大王就问：'是干什么的？'我们回答说：'是齐国人。'大王再问：'犯了什么罪？'我们回答说：'犯了偷窃罪。'"晏子到了楚国，楚王请晏子喝酒，酒喝得正高兴的时候，两个小官吏绑着一个人到楚王面前去。楚王问道："绑着的人是做什么的？"回答说："他是齐国人，犯了偷窃罪。"

楚王看着晏子问道："齐国人是本来就善于偷东西的吗？"晏子离开座席回答道："我听说这样一件事，橘生长在淮河以南就是橘子，生长在淮河以北就变成枳，叶子的形状相似，它们的果实味道却不同。原因是什么呢？是因为水土条件不相同啊。现在这个人生在齐国不偷东西，一到了楚国就偷东西，莫非楚国的水土使百姓善于偷窃吗？"

楚王苦笑着说："圣人是不能同他开玩笑的，我反而自讨没趣了。"

［**解析**］晏子这里用到了类比推理。从楚国水土使橘子变化，推出也会使人发生变化。

## 第二节　科学假说

### 一、科学假说的含义

科学假说是以已有的事实材料和科学原理为依据，对事物现象做出解释或说明，预见或推测。

**【案例】** 1912 年阿尔弗雷德·魏格纳（德国气象学家、地球物理学家，1930 年 11 月在格陵兰考察冰原时遇难）正式提出了大陆漂移学说，并在

1915 年发表的《海陆的起源》一书中做了论证。论证的逻辑形式如下：

现在几块陆地形状吻合，
如果大陆漂移，则这种现象能够很好地得到解释。
所以，很可能大陆漂移。

［**解析**］这是一个科学假说。

## 二、科学假说的特征

**1.** 科学假说是**以事实材料和科学原理为依据**的，因此不同于迷信和纯粹的主观猜想。

**2.** 科学假说**具有推测的性质**，还不是科学真理，有待进一步验证。

**3.** 科学假说**是认识接近客观真理的方式**，它可以**经过不断检验而上升为科学理论**。





## 三、科学假说的一般逻辑形式

| | |
|---|---|
| 某一令人惊异的现象 P 被观察到。 | P |
| 若 H 是真的，则 P 理所当然地可解释。 | $H \to P$ |
| 因此，有理由认为 H 是真的。 | 很可能 H |

从形式上看，它是一个充分条件假言推理的肯定后件式，是无效式，但它是科学假说的一般形式。这也说明科学假说的猜测性质。

**【案例】**高级经理人在报酬上的差距可反映公司各个部门之间的工作方式。如果这个差距较大，说明它鼓励的是部门之间的竞争和个人表现；如果这个差距较小，说明它激励的是部门之间的合作和集体表现。3M 公司各个部门之间是以合作的方式工作的，所以——

将以下哪项陈述作为上述论证的结论最为恰当？

A. 3M 公司的高级经理人在报酬上的差距较大。

B. 以合作的方式工作能共享一些资源和信息。

C. 3M 公司的高级经理人在报酬上的差距较小。

D. 以竞争的方式工作能提高各个部门的工作效率。

［**解析**］正确答案：C。根据溯因推理，形成假说（最可能的情况）。

## 四、系统假说的形成

**1. 广泛解释已有的事实。**

**2. 预言未知事实。**

**3. 运用多学科的理论知识进行论证，充实其理论内容。**

## 五、假说的验证方式

如果用 E 代表常真的命题，用假说演绎法进行验证的形式如下：

| | |
|---|---|
| $E \wedge H \rightarrow P$ | $E \wedge H \rightarrow P$ |
| $P$ | $\neg P$ |
| H 可能真 | H 可能假 |

**【案例】** 20 世纪初，魏格纳提出了大陆漂移说，由于他的学说以未查明的足以使大陆漂移的动力为假设，所以遭到了强烈的反对。我们现在接受了魏格纳的理论，这并不是因为我们确认了足以使大陆漂移的动力，而是因为新的仪器最终使我们能够通过观察确认大陆的移动。

以上事例最好地说明了以下哪项有关科学的陈述？

A. 科学的目标是用一个简单和谐的理论来精确地解释自然界的多样性。

B. 在对自然界进行数学描述的过程中，科学在识别潜在动力方面已经变得非常精确。

C. 借助于概率论和数理统计方法，科学从对单一现象的描述转向对事物的整体研究。

D. 当一个理论所假定的事件被确认时，即使没有对这一事件形成的原因做出解释，这一理论也可以被接受。

**[解析]** 正确答案：D。A、B、C 项本身都有道理，但是显然不能由题干直接推出，只有 D 项可以从题干直接推出。题干正是要说明，假说的验证，只要其预见性能够被证实，就可以验证假说的有效性。当然这并不等于说其 100%正确。毕竟假说来自溯因，假说的魅力在于其更有力的解释和准确的预言。

### 一、思考题

1. 什么是类比推理？类比推理和归纳推理的区别是什么？

2. 什么是科学假说？科学假说的一般逻辑形式是什么？

### 二、练习题

1. 指出下列推理中的逻辑问题。

(1) 如果一个学校的运动会是要一个学校的全体人员参加开幕式，那么，奥林匹克运动会是全世界的运动会，是不是要全世界所有的人都参加开幕式呢？

(2) 从前，有一只海鸟停留在鲁国国都的郊外，鲁王用车迎接它并在宗庙里给它敬酒，演奏《九韶》使它高兴，准备牛、羊、猪的肉作为它的食物。海鸟于是双目昏花，心情悲伤，不敢吃一块肉，不敢喝一杯酒，三天后就死了。

2. 辨析题。

(1) 最近政府通过了一项禁止在通勤火车上销售和饮用酒精饮料的法令。在此之前，政府曾经用同样的方法禁止在通勤火车上吸烟，以此来保护上下班的人的健康。因为喝了酒的人在下车后钻进他们的汽车开车时，公众面临的危险与火车上被迫吸二手烟的旅客面临的危险至少一样大。此项论证依赖于：

A. 酒精饮料危害健康是一个事实。

B. 人们需要保护以免受他人行为的伤害。

C. 对在公共场所抽烟和喝酒的行为进行了指责。

D. 对通勤旅客表示了同情。

E. 在抽烟和喝酒的危害之间做了一个比较。

(2) 某市繁星商厦服装部在前一阵疲软的服装市场中打了一个反季节销售的胜仗。据统计，繁星商厦皮衣的销售额在6、7、8三个月连续成倍数增长：6月527件，7月1 269件，8月3 218件。该市有关部门希望在今年冬天向全市各大商场推广这种反季节销售的策略，力争今年11、12月和明年1月全市的夏衣销售能有一个大突破。

以下哪项为真，能够最好地说明该市有关部门的这种希望可能会遇到麻烦？

A. 皮衣的价格可以在夏天一降再降，是因为厂家可以在皮衣淡季的时候购买原材料，其价格可以降低30%。

B. 皮衣的生产企业为了使生产销售可以正常循环，宁愿自己保本或者微利，把利润压缩了55%。

C. 在盛夏搞皮衣反季节销售的不只是繁星商厦一家，但只有繁星商厦同时推出了售后服务由消费者协会规定的三个月延长到七个月，打消了很多消费者的顾虑，所以在诸商家中独领风骚。

D. 今年夏天繁星商厦的冬衣反季节销售并没有使该商厦夏衣的销售获利，反而略有下降。

E. 根据最近的消费者心理调查的结果，买夏衣重流行，买冬衣重实惠，是消费者极为普遍的心理。

(3) 秦老师最近又要贡献一个点子给都市报报业集团。秦老师分析了目前报纸大发行的时段，早上有晨报，上午有日报，下午有晚报，真正为晚上准备的报纸却没有。秦老师建议他们办一份《都市夜报》，打开这个市场。谁知都市报报业集团却没有采纳秦老师的建议。

以下哪项为真，能够恰当地指出秦老师的分析中所存在的问题?

A. 报纸的发行时段和阅读时段是不同的。

B. 酒吧和影剧院的灯光都很昏暗，无法读报。

C. 许多人睡前有读书的习惯，而读报的比较少。

D. 晚上人们一般习惯于看电视节目，很少读报。

(4) 地球和月球有许多共同属性，比如都属于太阳系星体，都是球形的，都有自转和公转等。既然地球上有生物存在，那么月球上也可能有生物存在。

以下哪项为真，最能削弱上述推论的可靠性?

A. 地球和月球大小不同。

B. 月球上同一地点温度变化极大，白天可上升到摄氏 100 度，晚上又降至零下 160 度。

C. 月球距离地球很远，不可能有生物存在。

E. 地球和月球旋转速度不同。

(5) 医生在探索 AM 的病因时受到了 MP 这种疾病的形成原因的启发。因为这两种病都发生在年龄相仿的一类人当中，两种病的明显症状是发高烧、淋巴肿大和缺乏食欲。另外，这两种疾病的潜伏期实际上是相同的。所以，这些医学研究者确信导致这两种疾病的病毒是相似的。

该结论依赖的假设是下面的哪一项?

A. MP 这种病比 AM 这种病对大众健康的危害更严重。

B. 对于每一种疾病现代医学最终都将发现其治疗方法。

C. 拯救人类生命是现代科学技术唯一重要的目标。

D. 具有类似症状的疾病会有类似的病因。

(6) 有一位从事 Internet 教学的专家在一次演讲中说道，Internet 是世界上最大的相互连接的计算机网络，可以做到小型局域网永远也办不到的事。一位听众听到这里站起来问道：“昨天我在展览会上看到了世界上最大的西瓜，可是，我并不觉得它有什么特殊之处呀?”

根据上述情景，这位听众的话隐含了以下哪项假设?

A. 比较大小对能力、性质的决定性，西瓜可能与计算机网络不同。
B. 比较大小对能力、性质的决定性，西瓜与计算机网络并无不同。
C. 大的西瓜也不过就是让人吃而已，当然还可以出名，让大家都知道。
D. 在展览会上同样可以看到网络上的一些事情。
E. 小型局域网络确实不能具备 Internet 的强大功能。

# 第九章 论 证

## 第一节 论证的概述

### 一、什么是论证

论证就是以一些为真的命题确定其他命题的真实性（或虚假性）的过程，它包括证明与反驳。

**【案例】**1. 假设：上帝存在。

上帝存在就意味着上帝全能、全善。
全善而全能，则不应存在邪恶。但是，世界上有邪恶存在。
所以，假设错误，即上帝不存在。

［**解析**］这是一个反证法的论证。要证明 P，假设非 P，并非非 P，所以 P。

**【案例】**2. 人民民主专政需要工人阶级的领导。因为只有工人阶级最有远见，大公无私，最富于革命的彻底性。整个革命历史证明，没有工人阶级的领导，革命就要失败，有了工人阶级的领导，革命就胜利了。在帝国主义时代，任何国家的任何别的阶级，都不能领导任何真正的革命达到胜利。中国的小资产阶级和民族资产阶级曾经多次领导过革命，都失败了，就是明证。

［**解析**］这是一个论证，论题是"人民民主专政需要工人阶级的领导"，从正面和反面进行论证。

### 二、论证的结构

论证过程包括三个要素：论题、论据和论证方式。

**1. 论题。**论证中其真实性或虚假性尚待证明的命题，是论证的主题和核心。论题有总论题和分论题之分，分论题本身是论证的一级论据。

**2. 论据。**用来确定论题的真实性或虚假性的命题。论据也分为一级论据、二级论据等。论据可以是科学原理，也可以是经验命题。

**3. 论证方式。**即论证的推理形式。在一个论证中可能用到多种推理形式。论证有主次之分，即主要论证与次要论证。论证也有直接论证和间接论证、演绎论证、归纳论证与类比论证之分。

**【案例】**1. 人类学家发现，早在旧石器时代，人类就有了死后复生的观念。在已发掘出的那个时代的古墓中，死者的身边有衣服、饰物和武器等陪葬物，这是最早的关于早期人类具有死后复生信念的证据。

以下哪项是上述论证所假定的？

A. 死者身边的陪葬物是死者生前所使用过的。

B. 死后复生是大多数宗教信仰的核心理念。

C. 宗教信仰是大多数古代文明社会的特征。

D. 放置陪葬物是后人表示对死者的怀念和崇敬。

E. 陪葬物是为了死者在复生后使用而准备的。

[解析] 正确答案：E。如果E项为真，就可以推出结论：那时候人类就有了死后复生的观念。

**【案例】**2. 巴西火蚁目前在美国南部大量滋生。与巴西的火蚁不同，美国的火蚁一巢中有两只蚁后，这种火蚁比一巢中只有一只蚁后的火蚁更具有侵略性，它们几乎消灭了其巢穴附近的所有昆虫以独占食物来源，因而火蚁的数量迅速增长。在巴西，由于火蚁的天敌能够限制火蚁的数量，所以把这些天敌引进美国会阻止美国火蚁数量的增长，全面改善生态环境。

除了以下哪项外，其余各项都是上述论证所依赖的假设？

A. 在美国引进火蚁的天敌将不会造成比火蚁本身所导致的环境灾难更可怕的后果。

B. 巴西火蚁的天敌能够适应美国的环境并生存下来。

C. 异常凶猛的双蚁后火蚁不至于杀死它们在巴西的远亲的天敌。

D. 火蚁的天敌能够在这些火蚁扩展到更北的州之前控制住火蚁的增长。

E. 火蚁本身繁殖的速度不会超过其天敌杀死它们的速度。

[解析] 正确答案：D。D项讲到火蚁扩展到更北的州的问题，与本论题无关。

### 三、论证与推理的关系

**1. 联系。**论证是推理的目的，推理是论证的手段。

**2. 区别。**

第一，二者的目标不同。推理重在过程的合逻辑性。论证重在结论的真实性和可接受性，当然也包括推理过程的合逻辑性。

第二，二者对前提的要求不同。推理中是假设前提真实，重点在于前提和结论之间的逻辑关系。而论证则要求前提真实，才能保证结论的真实。

第三，二者的复杂性不同。一个论证中可以运用多个推理，也可以运用不同的推理类型。

## 第二节　证明





### 一、什么是证明

证明是用一些已知为真的命题确定另一命题真实性的过程。

### 二、证明的分类

根据证明的推理方式不同，可以分为演绎证明、归纳证明和类比证明。根据论据与论题之间的关系，可以分为直接证明和间接证明。

#### （一）演绎证明、归纳证明和类比证明

**【案例】**1. 2002 年 4 月 1 日开始，荷兰成为世界上第一个明文规定可以对生命垂危的病人实施“安乐死”的国家。法案规定：首先，病人所受的痛苦必须是“无法忍受的”“无穷无尽的”，病人已经“厌倦了生活”，而且“安乐死”必须是病人经过慎重考虑后，自愿提出的请求。其次，医生和病人还必须确信，除了“安乐死”外，再没有其他方法解除病人的痛苦。最后，病人的主治医生还必须就病人的要求至少征询一位同行的意见，“安乐死”的实施方法在医学上必须得当。

［**解析**］这里运用了多个演绎推理，第一个是充分条件联言假言推理的肯定前件式，第二个是选言推理的否定肯定式，第三个是联言推理。

**【案例】**2. 人们在地球上发现氦的过程就是通过类比证明实现的。科学家

利用光谱分析，首先发现太阳上有氦的存在。由于太阳上的其他化学元素如氧、氮、硫、磷、钾等，地球上都有，于是就类推地球上可能也有氦元素的存在。

［**解析**］类比论证虽然是一种或然性论证，但它是一种运用十分广泛的论证形式，是中国历史上运用最为广泛的思维形式。

### （二）直接证明和间接证明

**1. 直接证明。**用事实和科学原理直接证明某个结论真实性的过程。

**【案例】**中国古代的四大发明曾推动了西方国家的科技发展；美洲大陆的开发、日本明治维新后的进步得益于西欧的科学技术；今天许多国家种植的玉米、马铃薯、西红柿等，都是美洲印第安人培育出来的……于是人们可以归纳说，世界各民族之间早就进行科学技术的引进和交流活动了，而且不同文明间的互动可以促进整个人类文明的发展。



［**解析**］这里是用事实直接证明一个结论的真实性。

**2. 间接证明。**通过论证其他相关命题为假，确定欲证论题为真的论证过程。

（1）反证法。

反证法是通过确定与之矛盾的命题为假，确定欲证命题为真的论证过程。

欲证：p

选择反论题：非 p（p 的矛盾命题）

证明：非 p 假

根据排中律，确定 p 真

其逻辑形式为：

$$p \vee \neg p$$
$$\neg \neg p$$
$$\therefore p$$

**【案例】**某地区国道曾经是交通事故频发的地段，自从 8 年前对此路段限速 60km/h 后，此路段的交通伤亡人数大幅下降。然而，近年来此路段超速车辆增多，但此路段的交通伤亡人数仍在下降。

上述断定最能支持以下哪项结论？

A. 车辆限速与此路段 8 年来交通伤亡人数大幅下降没有关系。

B. 8 年来在此路段行驶的车辆并未显著减少。

C. 8 年来对本地区进行广泛的交通安全教育十分有效。

D. 近年来汽油费用的上升限制了本地区家庭购买新车。

E. 此路段 8 年来交通伤亡人数下降不仅是车辆限速的结果。

**[解析]** 正确答案：E。用反证法可以推出 E 项成立。如果车辆限速是此路段 8 年来交通伤亡人数下降的唯一原因，那么由于近年来此路段超速行驶车辆增多，交通伤亡人数就不会减少。如果 E 项不成立，题干的断定就不成立，即如果题干的断定成立的话，则 E 项成立。

（2）选言证法。

通过选言命题确定其他命题的虚假来证明欲证论题真实的论证过程。

欲证：p

选择相关论题：q，r，s 等

证明：q，r，s 等均不可能

根据选言推理（否定肯定式），确立 p 真

其逻辑形式为：

$$p \lor q \lor r \lor s$$
$$\neg q \land \neg r \land \neg s$$
$$\therefore p$$

**【案例】**《三国演义》第二十一回，曹操邀请刘备到他府上做客，青梅煮酒。酒至半酣，忽然阴云密布，骤雨将至。曹操对刘备说："你久历四方，必知当世英雄，请说给我听听。"刘备推辞说："我见识浅薄，哪里知道天下英雄？"曹操说："不要过谦嘛！"刘备又推辞说："我承蒙皇恩，在朝廷做官，见的人不多，谁是天下英雄，我实在不知道。"曹操哪里肯放过刘备？又说："你没有见过他们，总听说过他们的名字吧！"刘备被逼得没法，只得说："淮南袁术，兵粮足备，可为英雄？"

曹操笑着说："他是冢中枯骨，我早晚要擒住他！"

刘备说："河北袁绍，四世三公，门生故吏数不胜数。如今盘踞在冀州，手下有本领的人很多，他是不是英雄？"

曹操又笑着说："袁绍色厉内荏，好谋寡断。于大事而吝惜生命，见小利而不顾死活，不是英雄啊！"

刘备说："有一个人人称八俊，威震九州。他的名字叫刘景升，他是不是英雄啊？"

曹操摇摇头说："刘表徒有虚名，不是英雄。"

……

刘备说了很多英雄人物，被曹操一一否定。然后他说："除此以外，我实在不知道啊！"

曹操说："要说英雄，就得胸怀大志，腹有良谋，有包藏宇宙之机，吞吐天地之志。"

刘备问："那谁能当英雄？"

曹操指了指刘备，然后又指了指自己，说："如今天下的英雄，只有你和我啊！"

刘备一听，大吃一惊，手中的筷子惊得掉在地上。此时正巧大雨将至，雷声大作。刘备从容地从地上捡起了筷子，掩饰了内心的惊慌。

［解析］曹操煮酒论英雄，就是选言证法。曹操问当今天下的英雄有何人，刘备说袁术、袁绍、刘景升等人都被曹操否定，最后曹操说当今英雄只有他俩了。这就是采用了逻辑上的选言证法：或 A，或 B，或 C，并非 A，也非 B，所以 C。





## 第三节 反驳

### 一、什么是反驳

反驳是通过已知为真的命题来确定某一命题为假的论证过程。

**【案例】**革命的发生是由于人口太多的缘故吗？古今中外有过很多的革命，都是由于人口太多吗？中国几千年以来的很多次的革命，也是由于人口太多吗？美国一百七十四年以前的反英革命，也是由于人口太多吗？艾奇逊的历史知识等于零，他连美国独立宣言也没有读过。华盛顿杰斐逊们之所以举行反英革命，是因为英国人压迫和剥削美国人，而不是什么美国人口过剩。中国人民历次推翻自己的封建朝廷，是因为这些封建朝廷压迫和剥削人民，而不是什么人口过剩。俄国人所以举行二月革命和十月革命，是因为俄皇和俄国资产阶级的压迫和剥削，而不是什么人口过剩，俄国至今还是土地多过人口很远的。蒙古土地那么广大，人口那么稀少，照艾奇逊的道理是不能设想会发生革命的，但是却早已发生了。

［解析］这里要反驳的是"革命的发生是由于人口太多"这个论断，通过很多单称命题反驳一个全称命题。

## 二、反驳的方式

### (一) 反驳论题

直接用真实的命题证明对方论题的虚假性。

**1. 直接反驳论题。**

对对方论证的反驳，直接反驳对方的论题，说明对方论题是虚假的。

**【案例】** 我们的词汇是无意义的，并且无法与其反义词区分开来，举一个例子就可以证明这一点。人们认为，我们知道“秃头”与“有头发”之间的区别。假设一个21岁的普通人头上有N根头发，我们说这个人不是秃头而是有头发的，少一根当然不会有区别。有N—1根头发的人会被说成是有头发的人，假设我们继续，每减少一根头发，结果将是相同的。但是有一根头发的人和没有头发的人的区别是什么呢？我们把他们都称为秃头。我们没有能区分“秃头”和“有头发”的依据。

下面哪个陈述最能反驳上述结论？

A. “秃头”一词可以翻译为其他语言。

B. 一个词可以有不同的意思。

C. 像“猫”这样的词可以用在某些方面不同的几种动物身上。

D. 词汇可以缺乏准确性而不至于无意义。

E. 人们不用词汇就无法清楚地进行思考。

［**解析**］正确答案：D。D项比较合理地解释了这种情况，词汇可能缺乏准确性，但是仍然是有意义的，不是像题干中所说的那样是无意义的，这是直接反驳。

**2. 归谬法。**

把一个命题进行推演，得出了一个明显为假的荒谬的结论。

**【案例】** 1. 甲说：“我家有一只鼓，敲起来百里外也可以听到。”乙说：“我家有一头牛，在江南喝水，头可伸到江北。”甲摇头说：“哪有这么大的牛？这是吹牛！”乙说：“没有我这么大的牛，就没有那么大的牛皮来蒙你的鼓。现在，正因为有了我这么大的牛，才会有牛皮来蒙你的鼓呀！”

［**解析**］以上推出了一个明显为假的荒谬的命题，证明了要反驳的论题的虚假性。

**【案例】** 2. 物体越重下落的速度越快。

假设“物体越重下落的速度越快”为真，A 为重的物体，B 为轻的物体。

则有：（1）A+B 的速度>A 的速度

（2）A+B 的速度=（A 的速度+B 的速度）/2<A 的速度

得出了 A+B 的速度既大于又小于 A 的速度，矛盾。所以假设错误。

［解析］这是用归谬法反驳论题。

### （二）反驳论据

证明对方的论据虚假，或证据不足。要注意，反驳论据只是指出对方的论证不成立，还不能说驳倒了对方的论题，只是说对方需要重新论证。

**【案例】**在一次辩论赛上，有辩手为“艾滋病是医学问题，不是社会问题”辩护，论据之一是：感冒不是社会问题。对方辩手就这个论据展开反驳：一个人感冒不是社会问题，几千几万个人同时感冒就是社会问题了。这就指出了对方论据的虚假，论证不成立。





［解析］对方论据虚假。指出对方的论据“感冒不是社会问题”是不成立的。

### （三）反驳论证方式

证明对方“推不出”。驳倒了对方的论证方式，不等于驳倒了对方的论题，只是说对方需要重新论证。对方常犯的错误如下：

第一，不合逻辑。不符合有效的推理形式。

第二，论据不足。论据不足以使结论为真或者使人接受。

第三，不相干。内容上不相干，或者关系不大。

**【案例】**东升商城公关部职工的平均工资是营业部职工的两倍，因此，公关部职工比营业部职工普遍有更高的收入。

以下哪项为真，最能削弱上述论证？

A. 公关部职工的人均周实际工作时长要超过营业部职工的 50%。

B. 公关部职工为商城创造的人均价值是营业部职工的近 10 倍。

C. 公关部职工中最高工资与最低工资的差别要大于营业部职工。

D. 公关部职工的人数只是营业部职工的 10%。

E. 公关部职工中有 20%享受商城的特殊津贴，营业部职工中则有 25%享受这种津贴。

［解析］正确答案：C。有这种可能，最后公关部的平均工资还不如营业部，说明了题干中的论证不成立。

# 第四节 论证的规律和规则

## 一、论证的基本规律

在一个论证过程中，一个论断被确定为真，必须有充足理由。

充足理由：若B能满足下述条件，则B是A的充足理由。

A真，因为B真，并且B能推出A。

应该明确，这里的“推出”既包括演绎的必然推出，也包括归纳的或然推出。

充足理由律要求在论证中满足：

（1）理由真实或可靠。否则会犯“虚假理由”的逻辑错误。

（2）理由与论题之间有适当的逻辑联系。否则会犯“推不出”的逻辑错误。

**【案例】**1. 昆曲《十五贯》取材于宋话本《错斩崔宁》，以及《醒世恒言》卷三十三《十五贯戏言成巧祸》。其基本情节为屠户尤葫芦到丈人家借了十五贯铜钱，醉酒回家后与女儿戏言这是她的卖身钱，女儿苏戍娟闻言连夜出逃投奔亲戚，偶遇男青年熊友兰，因同路两人结伴而行，真是无巧不成书，熊的身上也携有十五贯铜钱。当晚村中赌棍娄阿鼠流窜到屠户家中，顺手牵羊将酣睡中的尤葫芦身上的十五贯铜钱偷走，不料惊醒尤葫芦，娄阿鼠在扭斗中用剔骨尖刀将尤葫芦刺死。第二天案发，衙门捕快追寻苏戍娟，将同行的熊友兰一并带回审问。因为十五贯的巧合，无锡知县过于执不问青红皂白，做出了如下推断：

看她艳如桃李，岂能无人勾引！年正青春，怎会冷若冰霜？她与奸夫情投意合，自然要生比翼双飞之意。父亲拦阻，因之杀其父而盗其财，此乃人之常情。这案情就是不问，也已明白十之八九了。

**[解析]** 这一段话看起来似乎言之成理，持之有故，但实际上所凭借的判罪根据不过是尚未得到证实的想当然的假定，这就是预期理由式诡辩。预期理由式诡辩之所以是荒谬的，是因为论辩中的论据必须是要确知为真的命题，如果用真实性尚未被证明的命题作为论据，是无法达到论证论题真实性的目的的。

**【案例】**2. 宋朝时，北方女真族统治的金国大举南进，黄河流域一带全部沦陷。可是，无能的朝廷害怕战争，步步退让，而奸相秦桧更主张妥协投降，卖国求荣。以岳飞为代表的主战派则积极抗战，他率领的部队人称“岳家军”，经常以少胜多，打了许多胜仗，人们赞其曰：“撼山易，撼岳家军难。”在岳家军节节胜利的时候，以秦桧为首的卖国投降派，一面取得了糊涂皇帝宋高宗的宠信，一面勾结敌人，暗杀岳飞。秦桧假传圣旨，连发十二道紧急金牌，解除了岳飞的兵权，并最终杀害了岳飞。岳飞遇害后，人们纷纷责问秦桧，大将韩世忠质问秦桧：“岳飞究竟有什么罪？”秦桧竟无耻地答道：“莫须有！”一代名将岳飞就这样被“莫须有”的罪名害死了。

［**解析**］充足理由律要求，一个思想被确定为真，必须要有充足理由。而且这个理由必须是真的，并能够从这个理由推出这个思想来，否则就会犯“虚假理由”“推不出”的逻辑错误。秦桧以“莫须有”的理由给岳飞定罪，就违反了“充足理由律”，犯了“没有理由”的逻辑错误。




**【案例】**3. 明代江盈科编撰的《雪涛小说》中记载了一则故事：城里有户非常贫困的市民，穷得吃了早饭还不知道晚饭在哪里。一天，丈夫偶然捡到一个鸡蛋，便欣喜若狂，赶快跑回家里，高兴地对妻子说：“我们有家当了！我们有家当了！”妻子见他那高兴的样子，忙问：“家当在哪里？”他拿出鸡蛋一晃说：“这就是！”然后他便扳起手指头，给妻子细细地计算起来：

“这个鸡蛋借邻居家的母鸡孵一下，孵化出一只小鸡，它长大后就下蛋，每个月可以得到 15 个鸡蛋；然后再孵化成小鸡，两年内鸡再生鸡，就可以得到 300 只鸡，能卖十两金子。用这十两金子买 5 头牛，牛又生牛，三年可得 15 头牛，牛再生牛，又过三年，就能发展到 150 头牛，可以卖 300 两金子。我用其中三分之一买房置地，三分之一买丫鬟、仆人，三分之一用来娶小老婆。这样我和你就可以优哉游哉地过上神仙一样的日子了。”

妻子一听他说要娶小老婆，勃然大怒，一拳就把鸡蛋打碎了，还没好气地说：“趁早打碎它，免得留下祸根！”

［**解析**］这个论证是滑坡论证。在预见的各种环节上，都可能因为其他因素的介入而断开，如鸡蛋未必能全部孵出小鸡，小鸡未必能全部存活，小鸡长大后未必能生那么多蛋，等等。

**【案例】**4. 有个书呆子，一日早起，对他的婢女说：“你夜里梦见我了吗？”婢女回答说：“没有。”书呆子大声斥责说：“我夜里明明梦见了你，你为什么要抵赖？”并去告诉她的母亲：“这个痴傻的丫头该打，我夜里明明梦见了她，她却不承认梦见了我，难道有这种道理吗？”

［解析］这个书呆子在论证中犯了“推不出”的逻辑错误。“梦见”是一种非对称关系，不能以此为根据进行推理。

**【案例】**5. 伽利略讲过一个故事。一个学生告诉老师，他用天文望远镜看到了太阳上的黑点。这位老师说：“我的孩子，回家去吧，这些黑点不在太阳上而在你的眼睛里，因为亚里士多德从来没有这样说过。”

［解析］这位老师犯了“诉诸权威”的逻辑错误。

**【案例】**6. 建筑历史学家丹尼斯教授对欧洲19世纪早期铺有木地板的房子进行了研究。结果发现较大的房间铺设的木板条比小房间的木板条小得多。丹尼斯教授认为，既然大房子的主人一般都比小房子的主人富有，那么用窄木条铺地板很可能是当时有地位的象征，用以表明房主的富有。

以下哪项为真，最能增强丹尼斯教授的观点？

A. 欧洲19世纪晚期的大多数房子所铺设的木地板的宽度大致相同。

B. 丹尼斯教授的学术地位得到了国际建筑历史学界的公认。

C. 欧洲19世纪早期，木地板条的价格是以长度为标准计算的。

D. 欧洲19世纪早期，有些大房子铺设的是比木地板昂贵得多的大理石。

［解析］正确答案：C。题干：用窄木条显示更富有。B项是诉诸权威，没有支持力度。C项明显支持题干的论证，该项为真，则表明铺设相同的房间面积，窄木条要比宽木条昂贵，由此显示出房主的富有，这就有力地支持了丹尼斯的观点。若该项为假，如按面积计算，则无法表明用窄木条比用宽木条昂贵，这样就无从显示房主的富有了。

## 二、论证的规则

### （一）关于论题的规则

**1. 论题应当清楚、确切。**必要时加以界定。

错误：论题不清。

**2. 论题应当保持同一。**不要证明过多或证明过少。

错误：转移论题。

### （二）关于论据的规则

**1. 论据应当是真命题。**这是充足理由律的基本要求。

错误：虚假理由。

**2. 论据应当比论题更可信。**以下列命题为论据易犯的错误有：

（1）真实性尚需证明的命题。

错误：预期理由。

（2）比论题更不可信的命题。

错误：乞题。

（3）与论题相同的命题。

错误：循环论证。

**【案例】**1.《爱丽丝梦游仙境》中的一段话：

这时，武士开口了："陛下，这不是我写的，他们也不能证实是我写的。末尾并没有签名。"

"如果你没有签名，"国王说，"只能说明情节更恶劣。这意味着你的狡猾，否则你就应当像一个诚实的人那样，签上你的名字。"

对此，出现了一片掌声。这真是那天国王所讲的第一句聪明话。

"那就证明了他犯罪。"王后说。

**[解析]** 犯了"预期理由"的逻辑错误。国王认为是他写的，王后也认为他犯罪，但是没有举出理由。

**【案例】**2. 甲、乙二人打架，甲咬掉了乙的鼻子，乙便去告状。官问甲："你为什么咬掉他的鼻子？"甲不承认是他咬的，反咬一口说，是乙自己咬掉了自己的鼻子来诬陷他。官大怒："胡说，口在下，鼻子在上，怎么咬得着？"甲慌忙分辩说："大人，您不知道，他是踩着凳子上去咬的。"

**[解析]** 踩着凳子上去咬就咬得到，显然是一个荒谬的借口，一个更不可信的借口。这是一种乞题。

**（三）关于论证方式的规则**

从论据应当能够推出论题，这也是充足理由律的基本要求。

常见的错误有：论据不足；不相干；推理形式错误。

**【案例】**1. 楚国大夫登徒子在楚王面前说宋玉的坏话，他说："宋玉其人沉静英俊，很有口才而言辞精妙，又很贪恋女色，希望大王不要让他出入后宫。"

楚王拿登徒子的话去质问宋玉，宋玉说："容貌俊美，这是上天所生；善于言辞辩说，是从老师那里学来的；至于贪爱女色，下臣则绝无此事。"楚王说："你不贪爱女色确有道理可讲吗？有道理讲就留下来，没有理由可说便离去。"

宋玉于是辩解道："天下的美女，没有谁比得上楚国女子，楚国女子之美丽者，又没有谁能超过我家乡的美女，而我家乡最美丽的姑娘还得数我邻居东家那位小姐。东家那位小姐，论身高，若增加一分则太高，减掉一分则太矮；论肤色，若涂上脂粉则嫌太白，施加朱红又嫌太赤，真是生得恰到好处。她那眉毛有如翠鸟之羽毛，肌肤像白雪一般莹洁，腰身纤细如裹素帛，牙齿整齐有如一连串小贝，甜美地一笑，足可以使阳城和下蔡一带的人们为之着迷和倾倒。这样一位姿色绝伦的美女，趴在墙上窥视我三年，而我至今仍未答应和她交往。

登徒子却不是这样，他的妻子蓬头垢面，耳朵挛缩，嘴唇外翻而牙齿参差不齐，弯腰驼背，走路一瘸一拐，又患有疥疾和痔疮。这样一位丑陋的妇女，登徒子却非常喜爱她，并且生有五个孩子。请大王明察，究竟谁是好色之徒呢？"

［**解析**］宋玉在辩解中，通过列举的方式证明了自己不好色。但对登徒子好色的论证，犯了"不相关"的错误，因为爱丑女，并与之生子，不是好色的表现。

**【案例】**2. 在一起交通肇事案件的审理中，被告人的律师在法庭认定被告人系醉酒开车而且闯红灯的情况下，这样为其开脱："我的当事人当然不是完全没有错，因为他醉酒开车而且闯红灯了。但是，他需要负担全家的生计，他的妻儿也在这里，你们看，他们的生活状况多么令人同情啊！这样的小老百姓对抗的却是全球闻名的汽车公司，该公司设计的车子后座有瑕疵。没错，虽然这次车祸是没有人坐在后座，但是难保下次我的当事人的小孩还会像这次这样幸运，没有坐在后座上。"

请问律师的辩护中有什么样的谬误？

［**解析**］律师在法庭认定被告人系醉酒开车而且闯红灯的情况下，无法根据法律和事实为其开脱，试图用"诉诸怜悯"的方法以减轻其罪责。"诉诸怜悯"的目的是误导人们的思维，在同情心的驱使下去分辨是非。律师还犯了"不相干"的逻辑错误。

**【案例】**3. 甲与乙辩论"爸爸与儿子哪个聪明"。甲说："儿子一定比爸爸聪明，因为创立相对论的是爱因斯坦，而不是爱因斯坦的爸爸。"乙说："不对，爸爸一定比儿子聪明。因为创立相对论的是爱因斯坦，而不是他的儿子。"

［**解析**］双方都仅根据一个方面就推出结论，犯了"以偏概全""论据不足"的逻辑错误。

## 一、思考题

1. 什么是论证？它由哪几个部分组成？

2. 证明的方法有哪些？

3. 反驳的方法有哪些？

4. 论证的基本规律是什么？论证有哪些规则？

## 二、练习题

1. 分析下列四段文字，指出哪个是论证，哪个是单一命题，哪个是非论证性陈述。

A. 地球上最先出现生命时没有人的存在，因此，任何关于生命起源的陈述都应视为理论的而不是事实的陈述。

B. 如果一定时期内，居民消费价格指数下降到同期存款利率之下，那么经济学家就会得出这段时期出现了通货膨胀的结论。

C. 经济学家们大都认为，目前确实出现了通货膨胀，因为最近一段时间，居民消费价格指数一直在同期存款利率之下运行。

D. 昨天，国家统计局公布了 2 月份我国居民消费价格指数（CPI）总水平同比下降 1.6%，连续第 10 个月下降，6 年来首次出现负增长。工业品出厂价格指数（PPI）下降 4.5%，降幅比上个月扩大 1.2 个百分点，呈继续下降态势。

2. 以一般读者为受众的评价建筑作品的著作，应当包括对建筑作品两方面的评价：一是实用性，二是审美价值，否则就是有缺陷的。摩顿评价意大利巴洛克宫殿的专著，详细地分析并评价了这些宫殿的实用功能，但是没有指出这些宫殿，特别是它们极具特色的拱顶，是西方艺术的杰作。

假设以下哪项，能够从上述断定得出结论：摩顿的上述专著是有缺陷的？

A. 摩顿对巴洛克宫殿的实用功能的评价比较客观。

B. 除了实用价值和审美价值外，摩顿的上述专著没有从其他方面对巴洛克宫殿做出评价。

C. 摩顿的上述专著以一般读者为受众。

D. 摩顿的上述专著是他的主要代表作。

E. 有些读者只关注建筑作品的审美价值，不关心其实用价值。

3. 近来，有的信用卡公司遭到了很多顾客的指责，他们认为公司向他们透支的部分所收取的利率太高了。事实上，公司收取的利率只比普通银行给个人贷款的利率高两个百分点。但是，顾客忽视了信用卡给他们带来的便利，比如他们可以在货物削价时及时购买。

上文是以下列哪个选项为前提的?

A. 购物折扣省下来的钱至少可以弥补以信用卡付款超出普通银行个人贷款利率的那部分花费。

B. 信用卡的申请人除非有长期的拖欠历史或其他信用问题，否则很容易被批准。

C. 消费者在削价时购买的货物价格并不低，无法使消费者抵消高利率成本，并有适当盈利。

D. 那些用信用卡付款买削价货物的消费者可能不具有在银行以低息获得贷款的资格。

E. 信用卡使用者所能透支的总量是有限的，因此，其透支的利息也是有限的。

4.《文化新报》的记者小白周四去某市采访陈教授和王研究员。次日，其同事小李问小白："昨天你采访到那两位学者了吗?"小白说："没那么顺利。"小李又问："那么，你一位都没有采访到?"小白说："也不是。"

以下哪项最可能是小白周四采访所发生的情况?

A. 小白采访到了两位学者。

B. 小白采访到了李教授，但没有采访到王研究员。

C. 小白根本没有去采访两位学者。

D. 两位学者都没有接受采访。

E. 小白采访到了一位，但没有采访到另一位。

5. 李教授：目前的专利事务所的工作人员很少有科技专业背景，但专利审理往往要涉及专业科技知识。由于本市现有的专利律师没有一位具有生物学的学历背景和工作经验，因此难以处理有关生物方面的专利事务。

以下哪项为真，最能削弱李教授的说法?

A. 大部分科技专利事务仅涉及专利政策和一般科技知识，不需要涉及太多的专业技术知识。

B. 生物学专家对专利工作不感兴趣，因此专利事务所很少与生物学专家打交道。

C. 既熟悉生物知识，又熟悉专利法规的人才十分缺乏。

D. 技术专家很难有机会成为本领域以外的专家。

E. 专利律师的收入和声望不及高科技领域的专家，因此难以吸引他们加入。

6. 光线的照射，有助于缓解冬季抑郁症。研究人员曾经对九名患者进行了研究，他们均因冬季白天变短而患上了冬季抑郁症。研究人员让患者在清早和傍晚各接受三小时伴有花香的强光照射。一周之内，七名患者完全摆脱了抑郁，另外两名患者也表现出了部分好转。由于光照会诱使身体误以为夏季已经来临，这样便治好了冬季抑郁症。

以下哪项为真，最能削弱上述论证的结论？

A. 研究人员在强光照射时有意使用花香伴随，对于改善患上冬季抑郁症的患者的适应性有不小的作用。

B. 九名患者中最先痊愈的三位均为女性，而对男性的治疗效果较为迟缓。

C. 实验均在北半球的温带气候中进行，无法区分南北半球的实验差异，但也无法预先排除。





D. 强光照射对于皮肤的损害已经得到了专门研究的证实，其中夏季比起冬季的危害性更大。

E. 每天 6 小时的非工作状态，改变了患者原来的生活环境，改善了他们的心态，这是对抑郁症患者的主要影响。

7. 王红的这段话不大会错，因为他是听他爸爸说的，而他爸爸是一个治学严谨、受人尊敬、造诣很深、世界闻名的数学家。

以下哪项最能反驳上述结论？

A. 王红谈的不是关于数学的问题。

B. 王红平时曾说错过话。

C. 王红的爸爸并不认为他的每一句话都是对的。

D. 王红的爸爸已经老了。

E. 王红很听他爸爸的话。

8. 赞成死刑的人通常给出两条理由：一是对死的畏惧将阻止其他人犯下同样可怕的罪行；二是死刑比其替代形式——终身监禁更省钱。但是，可靠的研究表明：从经济角度看，终身监禁比死刑更可取，人们认为死刑省钱并不符合事实。因此，应该废除死刑。

从逻辑上看，下面哪一项是对题干中论证的恰当评价？

A. 该论证的结构是可接受的，因为人的生命比什么都宝贵。

B. 该论证具有逻辑力量，因为它的理由真实，即人命关天。

C. 该论证没有考虑赞成死刑的另一个重要理由，故它不是一个好论证。

D. 废除死刑天经地义，无须讨论。

# 部分练习题参考答案与解析

## 第二章　概念

三、选择题

1. C。解析：西蒙把机器理解为计算机，罗伯特把机器理解为人类。

2. D。解析：海军上将提到的“强大帝国”可能指的是自己的国家，皇帝没有明确这一点。

3. B。解析：把“死于艾滋病的人数”和“感染艾滋病的人数”两个概念混淆了。

4. C。解析：题干中描述的各种人的总和是 12，比 9 大，因此一定有人有多重身份。C 项指出中国人和企业家这两个概念是交叉关系，交集为 2，那么各种人的总和就减少到 10；又因为企业家和律师的交集是 1，那么总人数恰好就是 9。因此，C 项为正确答案。

5. D。解析：该结论基于的论据仅考虑了平均体重，但该结论考虑的是平均体重增长。其实，平均体重增长和平均体重这二者之间没有必然联系，该论述是有缺陷的。因此本题属于偷换（混淆）概念，将平均体重和平均体重增长混为一谈，事实上它们是两个不同的概念。D 项指出了其逻辑错误，A 项没有指出短文中的推理错误，B 项和 C 项同短文中的论述并不矛盾，但没有指出论述中的缺陷，故不能成为答案。

6. C。解析：吴刚是博士且不是矮个子，因为李强和王威并不都是高个子；王威是另一位博士，但是矮个子。

7. B。解析：A 项定义项小于被定义项，C 项肯定概念用了否定定义，D 项用了比喻。

8. C。解析：乙根据郑建敏是福特汽车的销售经理，对其开日本车感到惊讶。

9. B。解析：肥胖儿童的定义“以高于 85%的同龄儿童的体重作为肥胖的标准”说明了一个地区不肥胖儿童的比例始终占所有儿童的 85%。题干说

"北京城区肥胖儿童的数量一直在持续上升"，说明儿童的总数量在增加，不肥胖儿童的数量也肯定增加了，因此 B 项为正确答案。A、D 项引入了新概念，C 项违背了题设，均应排除。

10. B。解析：漏税的定义十分简单，要回答这道题，其实主要注意一点——"并非故意"就够了。在选项中列举的四个例子中，只有歌星也许是不知道该缴纳个人所得税，或者认为这笔税款该由举办方缴纳所以没有缴纳税款。

## 第三章　简单命题推理

二、练习题

7. 辨析题。

(1) C。解析：因为张经理说的"此次提出的方案得到一致赞同"这句话不是事实，那就是至少有人不赞同，所以选 C。

(2) C。解析：否定一个全称命题，根据矛盾关系，相应的特称命题为真。

(3) D。解析：大会主席宣布的"此方案没有异议，大家都赞同"不是事实，就是至少有人反对。

(4) D。解析：诸选项中，只有 D 项具有和题干相同的推理形式，同时，D 项的推理明显前提真而结论假。因此，D 项最能说明题干的推理不成立。

(5) C。解析：题干和 C 项中的推理都是无效的，但它们的推理结构是相似的。

(6) D。解析：不是 A、B 两项，否则会出现两个同真；也不是 C 项，否则三句都假。只能是丁，D 项正确。

(7) D。解析：本题题干的推理可以看作一个省略的三段论，要保证推理成立，必须保证省略的前提是真的。如果 D 项为真，可以保证结论真，其余各项不能保证结论真。

(8) D。解析：题干是少一个前提的三段论，在补充省略的前提时，焦点应对准中项。该推理的中项是"回家吃午饭"，因此，补充的前提一定包括"家在郊区"和"不回家吃午饭"两项。现在把 D 项补上，这样就构成了一个有效的三段论：所有骑自行车上学的学生回家吃午饭，某些家在郊区的学生不回家吃午饭，所以，某些家在郊区的学生不是骑车上学的学生。

## 第四章　复合命题推理

二、练习题

5. 辨析题。

（1）B。解析：保证一个选言命题真，就要穷尽选言支。

（2）B。解析：甲班同学张华对围棋感兴趣，所以对军棋不感兴趣。根据题干，对国际象棋感兴趣，然后结论是对中国象棋感兴趣。所以，至少预设了前提：凡是对国际象棋感兴趣的甲班同学，都对中国象棋感兴趣。选 B。

（3）A。解析：一份统计材料有误，或者因为计算有误，或者因为原始数据有误。从 A 项计算没有错误，可以推出原始数据有误。

（4）B。解析："如果朋友确实值千金，那么金钱并非如粪土"等价于"或者朋友并非确实值千金，那么金钱并非如粪土"。

（5）D。解析：题干说明了"商品通过无线广播电台进行密集的广告宣传"是"迅速获得最大程度的知名度"的充分条件。因此选 D。

（6）E。解析："核威慑政策"对抑制第三次世界大战可能是非常必要的，但未必是充分条件。也许还有一些其他因素，比如经济建设等，也起到了相当大的作用。

（7）D。解析：如果不同的学生由于专业的不同对排行榜的标准要求也不同，那么这个排行榜的总分不能被学生作为报考大学的根据。D 项直接支持了这个咨询师的观点，为正确答案。A、B 项是干扰项，即使那些排名在前的大学用此做广告来吸引更多的学生，也不能说明排行榜能被学生作为报考大学的根据。

（8）D。解析：如果事实上合成洗涤剂污染饮用水导致的疾病多年后才会显现出来，那么就能说明，不能因为近年来该镇村民没有因水污染得病，而得出被污染的饮用水不会影响健康的结论。因此 D 项对题干的论证提出了有力的质疑。B 项和 E 项也能对题干有所质疑，但力度显然不如 D 项。其余各项不能对题干提出质疑。

（9）B。解析：市长的结论是削减经费不会导致基本服务经费的减少。要使市长的结论成立，B 项是必须假设的，否则，如果"经费不充足以至于不能提供某些非基本服务"，那么"削减经费就会导致基本服务费用的减少"。

（10）E。解析：题干论证：因为莱布尼茨和牛顿事先都不知道对方的研究成果，因此，他们是各自独立地发现了微积分。为使题干论证成立，E 项是必须假设的，否则，如果莱布尼茨和牛顿中有人从第三渠道获得了关于微积分的关键性细节，那么即使他们两人之间没有实质性的沟通，也得不出"他们是各自独立地发现了微积分"这一结论。A、B、C 均为无关项。即使莱布尼茨在发表微积分研究成果前曾经把其中的关键性内容告诉别人，但是并不意味着牛顿能够获得莱布尼茨的成果，因此D项不是题干论证的假设。

（11）C。解析：我们必须否定它是后人放进去的，才能得出2 700年前西西里和希腊之间有贸易往来的结论。

（12）C。解析：把某一原因作为充分必要的原因，并且是唯一原因。

（13）D。解析："如果4号队员伤已痊愈，那么他的竞技状态不好"等价于"或者4号队员伤没有痊愈，或者他的竞技状态不好"。

（14）C。解析：C项说明参加跆拳道运动不一定是身体健康的原因。

（15）D。解析：A项不足以说明灭鼠的弊端。B项有点削弱的意思，仍然不足以说明灭鼠的弊端。C项仅是涉及沙蝇，也不能解释灭鼠的利弊。D项很关键，此项用必要条件复合命题指出沙蝇、老鼠和人三者之间的关系结构。老鼠数量下降到一定程度，沙蝇才会咬人。所以，此项可以最好地证实专家的警告。



（16）D。解析：D项为最不接近的项，是相矛盾的项。

（17）B。解析：只有B项"法官在决定复杂民事案件的时候，对那些审判的复杂性比陪审团的人员有更好的理解"这一点成立，"涉及较复杂的民事审判由法官而不是陪审团来决定"这一建议才可行。

（18）C。解析：麦老师的话"只有……才能……"是一个必要条件假言判断，而宋老师把麦老师的话理解为充分条件了，即"只要……就……"。

（19）C。解析：题干为二难推理，曾国藩进有贪权之嫌，退有厌政之嫌。只好不提个人进退。C项是二难推理，张廷玉奏请杀张廷璐，不义；奏请保人，不忠。张廷玉只好装病。其他各项与题干推理不一致。

（20）D。解析：题干中市民进行了一个二难推理：无论大家是否响应"无车日"的号召，自己开私家车是最优策略。

（21）D。解析：张女士指出，如果向吸烟者征税是合理的，那么向经常食用高脂肪、高胆固醇的食物的人征税也是合理的，而后者显然是不合理的。这属于归谬法的反驳，D项恰当地概括了张女士的反驳所运用的方法，其余各项均不恰当。

## 第五章　模态逻辑

二、练习题

1. E。解析：题干中"所有错误决策都不可能不付出代价"，等于说"所有错误决策都必然要付出代价"。这里"不可能不"等于"必然"，题干中后一句“有的错误决策可能不造成严重后果”相当于“有的错误决策不一定造成严重后果”，“可能不”相当于“不一定”。

2. D。解析：根据模态判断的对当方阵，“不可能所有的香港人都会讲普通话”等值于“必然并非所有的香港人都会讲普通话”，这又等于“必然有些香港人不会讲普通话”。

3. C。解析：题干的论证是：有些 A 不是 B，某物是 A，因此，某物不是 B。由于 A、B 两个概念是交叉关系，因此，题干是个错误的论证。C 项也犯了同样的错误。

4. E。解析：题干的论证漏洞是：根据可能性的前提，只能得出可能性的结论，但题干却得出了必然性的结论。E 项的论证方式存在类似的漏洞。A 项是正确的假言推理，B、D 项是错误的关系推理，C 项是错误的假言推理。

5. D。解析：根据前面的比赛，甲胜乙，乙胜丙，所以，甲胜丙的可能性比较大。但是这个关系实际上是无法保真传递的，因为丙不是乙，丙输给乙，不代表丙会输给甲。因此，D 项最符合逻辑。





## 第六章　逻辑基本规律

二、练习题

1. B。解析：B 项和 A、C、D 项矛盾，必有一个断言是假的。

2. A。解析：两句矛盾的话中一定有一句为真，这句真话在乙和丁中，丙和甲说的都是假话。从甲说的话可以推出，就是他做的好事。

## 第七章　归纳推理

三、辨析题

1. D。解析：运用归纳方法，要看对总体的效果。

2. B。解析：题干是简单枚举不完全归纳。A 项是完全归纳，B 项是枚举不完全归纳。C 项是类比推理。结论和论据都是相同层次的。归纳的时候，论据是特殊性质的判断，结论是一般性质的判断。D 项是科学归纳法。

3. D。解析：D 项通过提出反例，使题干的观点受到有力的质疑，说明归纳法结论不可靠。

4. D。解析：此题为削弱程度比较题。统计概率体现的是样本和总体的关系。A 项指出题干是机械地用数字比较，有较强的削弱力度，是通过从原则上指出逻辑错误的方式来削弱的，属于直接削弱，但是力度不如 D 项。B 项也有削弱意味，但较弱，仅仅从另一角度说明醉酒驾车不安全，没有针对题干进行反驳。C项几乎没有削弱力度。依题目的数据论，500人数量较少，是否包含在前两个数据之中都无关题干论证的有效性。D项说明醉酒驾车的死亡概率远高于前两项，从统计角度非常明确地用百分比指出了题干的漏洞，是对A项原则性反驳的具体和深化，削弱力度最强，故D项为正确答案。

5. B。解析：B项十分重要，如果马路上的行人远多于树林中的人数，那么事故率高也不见得不安全，也许在树林中走是100%的事故率呢。

6. E。解析：题干由“看含暴力内容的影视作品”与“青少年举止粗鲁”存在统计关联，就得出结论：前者是后者的原因。E项指出了题干犯了因果倒置的错误：并非因为看暴力影视作品才造成举止粗鲁，而是因为举止粗鲁，所以爱看暴力影视作品，从而有力地削弱了题干的结论。

7. B。解析：题干的逻辑缺陷在于仅根据两种现象的时间关联就确定它们之间的因果关系，属于强加因果的谬误。以上选项中只有B项犯了同样的错误。





8. E。解析：求同法的运用。两地的地质结构类似，中亚细亚有大量石油，所以松辽平原也可能有石油。这种求同法的推理，在E项中也有类似的运用。新疆塔里木河流域和乌兹别克地区在很多方面相似，从乌兹别克生产长绒棉，推出新疆塔里木河流域也可以生产长绒棉。

9. A。解析：否定代入。题干要求解释症状相似的两种病症为什么其中一种特别危险，即寻找其危险的原因。A项显然正确，因为如果两种病症的医疗处理方法相同，急性脑血管梗阻就不危险了，严重削弱了题干。B项为否定代入，就算“高山反应诱发急性脑血管梗阻”，也与“急性脑血管梗阻这种病特别危险”这一结论无关，显然是游离在论证链条之外的选项。

10. E。解析：除了每餐都包含辣椒这个因素外，还有别的因素，比如三餐饭都吃得太多了。如果吃得过多，那么他就不能认为生病的原因就是辣椒，而是吃得太多。由此可知E项是正确答案。

11. D。解析：根据求异法的推理，上述调查比较的现象是“是否近视”，差异因素是“是否接受学校教育”，从而有利于得出结论：文化教育的发展和近视现象的出现有密切关系。因此，D项为正确答案。

## 第八章　类比推理和科学假说

二、练习题

2. 辨析题。

(1) E。解析：因为作者指出禁止在火车上销售酒精饮料的理由是“它们给公众带来的危害至少与火车上吸烟给被迫吸二手烟的乘客带来的危害一样大”。这里包含这样一个推论：如果吸烟给被迫吸二手烟的乘客带来了危险而需要禁止，则与之危害相当的饮用酒精饮料的行为也应该被禁止。

（2）E。解析：该市有关部门的建议依据的就是类比推理：夏季反季节销售冬季服装的销售量大增，因此，若在冬季反季节销售夏季服装也将销量大增。显然这个类比的结论可能是错的，题目所要求的就是找出使这个类比不成立的理由。E 项非常明确地概括了买夏衣和买冬衣时人们的不同消费心理，说明繁星商厦夏季销售皮衣之所以会成功，是因为消费者买冬衣重实惠。但因为买夏衣重流行，所以冬季销售夏衣的计划可能难以奏效。

（3）A。解析：类比错误。秦老师仅仅根据一日时间和报纸名称的相似性就进行类比推理，忽视了阅读时间滞后于发行时间。晨报在早晨发行，供读者上午阅读；日报上午发行，供读者下午阅读；而下午发行的晚报供读者晚上阅读。如果晚上发行夜报，发行本身就很困难，况且凌晨几乎没有读者。所以，A 项指出了秦老师类比的纰漏。

（4）B。解析：差别大，不适用于类比推理。地球和月球温度差异较大，在是否有生物存在的问题上不适用于类比。

（5）D。解析：类比推理。

（6）B。解析：听众认为西瓜与计算机网络具有可比性。这位听众说大西瓜和小西瓜并没有什么区别，以说明互联网和小型局域网之间也无本质差别。在他的心目中，比较大小对能力、性质的决定，西瓜与计算机网络并无不同。

## 第九章　论证

二、练习题

1. 解析：A 项是一个简单论证。B 项是一个包含两个简单命题的复合命题，其结构是充分条件假言命题。C 项是一个论证。D 项是一些关于事实的陈述，不是论证。

2. C。解析：对以一般读者为对象的评价建筑作品的著作来说，如果没有同时评价实用价值和审美价值，就是有缺陷的。增加这个前提，就可以推出上述专著是有缺陷的。

3. A。解析：面对顾客对信用卡的指责，题干中的辩解是：信用卡公司对其顾客的透支所收的利率并不算高，只是略比银行高，但却给顾客带来了可在货物削价时及时购买等便利。A 项是题干论述的隐含前提，否则，如果购物折扣省下来的钱不足以弥补以信用卡付款超出普通银行个人贷款利率的部分花费，那么，信用卡公司对顾客的透支所收取的利率就算高了，题干为信用卡公司所做的辩解就不成立了。

4. E。解析：对两位学者的采访有三种情况：采访到了两位，只采访到了一位，两位都没有采访到。小白否定了采访到两位，也否定了两位都没有采访到。因此，他一定是只采访到了一位。因此 E 项成立。

5. A。解析：李教授所得的结论的依据是：专利审理往往需要涉及专业科技知识。A 项如果为真，就弱化了这一论据，因而也就弱化了相关结论。

6. E。解析：如果 E 项成立，就说明了光线照射的增加和冬季抑郁症缓解之间的联系是一种非本质联系，有力地削弱了题干的结论，说明对方的论证不成立。

7. A。解析：犯了“诉诸权威”的逻辑错误。数学家在数学方面是权威，但不是在所有问题上都是权威。

8. C。解析：犯了“论据不足”的逻辑错误。明显题设是两个理由，而结论是根据其中一个理由不成立推理得出的，所以选 C 项。

# 参考文献


1. 陈波. 逻辑学导论. 北京：中国人民大学出版社，2006.
2. 南开大学哲学系逻辑学教研室. 逻辑学基础教程. 天津：南开大学出版社，2014.
3. 徐德清. 趣味逻辑. 上海：上海古籍出版社，2002.
4. 曾狄，唐晓勇. 逻辑案例与习题. 成都：西南财经大学出版社，2008.
5. 华东师范大学哲学系逻辑学教研室. 形式逻辑. 上海：华东师范大学出版社，2009.
6. 周建武，武宏志. 批判性思维：逻辑原理与方法. 北京：清华大学出版社，2015.
7. 赵泽宗，姜全吉，林正锐. 逻辑学辅导. 北京：高等教育出版社，1988.
8. 彭漪涟，余式厚. 趣味逻辑. 北京：北京大学出版社，2005.
9. 全国工程硕士专业学位教育指导委员会. GCT 逻辑考前辅导教程. 北京：清华大学出版社，2013.
10. 清华在线（紫光教育）组. GCT 备考指南. 北京：清华大学出版社，2011.
11. 温公颐，崔清田. 中国逻辑史教程. 天津：南开大学出版社，2001.

**图书在版编目（CIP）数据**

简明逻辑学 / 罗仕国，罗越著. --北京 ：中国人民大学出版社，2022.12

21 世纪通识教育系列教材

ISBN 978-7-300-31332-0

Ⅰ. ①简… Ⅱ. ①罗… ②罗… Ⅲ. ①逻辑学-高等学校-教材 Ⅳ. ①B81

中国国家版本馆 CIP 数据核字（2023）第 002567 号

21 世纪通识教育系列教材

**简明逻辑学**

罗仕国 罗 越 著

Jianming Luojixue

| | | | |
|---|---|---|---|
| **出版发行** | 中国人民大学出版社 | | |
| **社　　址** | 北京中关村大街 31 号 | **邮政编码** | 100080 |
| **电　　话** | 010－62511242（总编室） | | 010－62511770（质管部） |
| | 010－82501766（邮购部） | | 010－62514148（门市部） |
| | 010－62515195（发行公司） | | 010－62515275（盗版举报） |
| **网　　址** | http://www.crup.com.cn | | |
| **经　　销** | 新华书店 | | |
| **印　　刷** | 北京溢漾印刷有限公司 | | |
| **规　　格** | 170 mm×240 mm　16 开本 | **版　　次** | 2022 年 12 月第 1 版 |
| **印　　张** | 13.75 插页 1 | **印　　次** | 2022 年 12 月第 1 次印刷 |
| **字　　数** | 233 000 | **定　　价** | 48.00 元 |